좋은이웃 정갑윤

정갑윤의 영원한 울산 사랑이야기

좋은이웃 정갑윤

정갑윤의 영원한 울산 사랑이야기

초 판 인 쇄   2021년 4월 1일
2 쇄 발 행   2021년 9월 10일

지 은 이   정갑윤
펴 낸 이   한부귀
취   재   김경민
책 임 편 집   하미영
펴 낸 곳   (주)더 한스 / 출판신고 제307-2013-69호
주   소   서울시 성북구 보문로 34나길 43, 2F
대 표 전 화   02.6925.0761
메   일   thehans0765@naver.com

ISBN 979-11-974333-0-6

● 이 도서의 국립중앙도서관 출판예정도서목록(CIP)은 서지정보유통지원시스템 홈페이지(http://seoji.ni.go.kr)와 국가자료공동목록시스템(http://www.ni.go.kr/Kolistnet)에서 이용하실 수 있습니다.
(CIP제어번호 : CIP03010)

● 잘못 만들어진 책은 본사나 구입하신 서점에서 교환하여 드리며, 책값은 뒷 표지에 있습니다.
이 책은 저작권법에 따라 보호받는 저작물이므로 무단전재와 무단복제를 금합니다.

정갑윤의 영원한 울산 사랑이야기!

좋은이웃 정갑윤 입니다

정 갑 윤 지음
대한민국 국회 부의장(前)

더한스

CONTENTS

프/롤/로/그 ... 6

01 대한민국 산업수도 울산의 미래를 말하다

**상생발전으로 활력 넘치는 울산경제와
미래먹거리를 만들기 위한 전문가 대담**

- 좌　장 : 정갑윤 대한민국 국회 부의장(前)
- 토론자 : 박재완 기획재정부 장관(前)
  　　　　차의환 울산상공회의소 상근 부회장
  　　　　김주홍 울산대 교수(국제관계학) ... 12

02 나의 고향 울산시민의 "삶" 그리고 "꿈"

아이의 행복이 울산의 희망입니다
사립유치원연합회 울산광역시 배경희 회장 ... 38

아이의 행복이 울산의 희망입니다
민간어린이집연합회 울산광역시 양정선 회장 ... 42

아이의 행복이 울산의 희망입니다
가정어린이집연합회 울산광역시 양경아 회장 ... 46

울산의 희망찬 미래 시민과 손잡고 함께 만들어갑니다
울산대 총학생회 신수진 회장
김지환 전임 회장 ... 50
취업준비생 이동준 님 ... 54

교육 걱정 없이 아이 키울 수 있는 도시로!
주부 최유리 님 ... 57
주부 이혜빈 님 ... 60
한국외식업 울산중구지부 변종언 지부장 ... 63
울산중앙수산주식회사 중도매인 장순화 (前) 조합장 ... 66
모범운전자회 이동우 회장 ... 68
택배근로자 박성덕 님 ... 71

울산의심장, 울산산단과 함께 살아가는 장년근로자
현대자동차 최정우 님 ... 73

울산의심장, 울산산단과 함께 살아가는 청년근로자
중소기업 서민혁 님 ... 76

PHOTO
정갑윤! 늘 울산시민과 함께 했습니다 ... 78

03 시민과 함께 살기좋은 울산을 만드는 시민단체

의료진 여러분이 대한민국의 영웅입니다!
울산광역시 의사협회 변태섭 회장 ... 82

의료진 여러분이 대한민국의 영웅입니다!
울산광역시 간호사회 류말숙 전임 회장 ... 86
한국노동조합총연맹 울산본부 이준희 의장 ... 90
전국노동조합총연맹 김병식 위원장 ... 93
울산광역시 여성단체협의회 염점향 전임 회장 ... 96

오늘의 대한민국을 만든 어르신을 응원합니다
대한노인회 울산광역시연합회 박승열 회장 ... 99
재울산 대구·경북향우회 박종화 상임고문 ... 102
재울산 충청향우회 김종길 전임회장 ... 104
재울산 강원도민회 황종석 전임회장 ... 106
울산광역시 공장장협의회 조기홍 회장 ... 108
장애인총연합회 정진수 고문 ... 113
한국사회복지사협회 오승환 회장 ... 116
개미봉사회 김학수 회장 ... 119

**대한민국을 수호한 6·25 참전용사의
희생을 잊지않겠습니다**
6·25 참전유공자회 울산광역시지부 서진익 명예회장 ... 121

어른이 바로서야 후손이 바로선다
효사관학교 홍순권 교장 ... 123

04 더 낮은 곳을 섬기는 정갑윤의 진심

해남사 혜원 주지스님	128
태화교회 양성태 담임목사님	131
울산광역시 장애인종합복지관 인상현 관장 천주교 부산교구 신부님	136
나눔은 희망이다	139

05 사랑하는 가족 이야기

존경하고 사랑하는 부모님 그리고 나의 어린시절	152
나의 첫사랑 아내와의 만남	158
나를 만든 건 8할이 가족이다	168

06 정갑윤의 또 다른 가족, 내가 본 정갑윤

울산광역시 체육회 이진용 회장 BBS 울산불교방송 사장	176
울산 중앙새마을금고 오병한 고문	179
이발사 임형규님	181
재울산 호남향우회 류종석 전임 회장	184
울산광역시 중구약사회 김시온 전임 회장	187
한국방송통신대학교 울산지역대학 하연실 전임 총학생회장	190
국회 환경미화원 노민예 님	193
국회의원 18년 임기를 함께한 윤혜원 비서관	195

PHOTO
시민 한분 한분은 정갑윤의 가족입니다. 200

07 대한민국 명사가 본 정갑윤

유인태 대한민국 국회 사무총장(前)	204
김성원 국민의힘 원내수석부대표	208
원혜영 5선국회의원(前)	212
안병길 국민의힘 국회의원	216
서원호 세림특허법인 대표 변리사 / 조은지 파트너 변리사	220
이상림 공간그룹 대표	224

08 대한민국 발전과 울산시민의 더 나은 삶을 만들기 위해 정계에 투신하다

대한민국과 울산의 발전을 위해 힘껏 달려왔습니다.

대한민국 국회의원 18년	232
울산시민을 위한 의정활동	238
– 태화강 국가정원 지정 박문점 울산중구 상인연합회장	245
– 암센터 건립 정융기 울산대학교병원 병원장	250
– 치매센터 설립 김성률 동강병원 울산광역시 광역치매센터장	256
울산광역시 최초의 대한민국 국회의장을 꿈꾸다	260

09 대한민국 산업수도에서 세계의 산업수도로 만들기 위한 정갑윤의 꿈

4차 산업혁명시대! 생각을 바꾸면 울산의 미래가 바뀝니다. 266

에/필/로/그 272
시민 모두가 행복한 울산시를 만들기 위한
"정갑윤의 첫걸음이 시작됩니다."

도움주신 분 276

프/롤/로/그

영원한 울산사람 정갑윤!

'인간성 회복'은 울산시가 당면한 가장 큰 과제다. 지역의 미래를 만들어 갈 주체는 정부도, 기업도 아닌 사람이다. 울산의 미래는 울산시민의 손에 달렸다.

국회를 찾은 울산 애향회 회원들과 함께

누구에게나 고향이 있다. 우리 마음 속 깊이 간직한, 거친 세상을 살아갈 생명의 원천이자 어머니의 품과 같은 곳이다.

울산에서 태어나 대한민국 중앙정치에서 의정활동을 하는 동안, 나는 내 '뿌리' 울산을 단 한 순간도 잊은 적 없었다. 몸은 집을 떠나있어도 마음은 늘 집에 두고 있었다. 울산은 예로부터 산 좋고 물 좋고 인심(人心) 좋은 곳으로 유명했다. 나의 어린 시절을 추억해보면 모두 넉넉하지 않은 시절이었지만 마음 씀씀이만큼은 푸근하고 언제나 인정이 넘쳤다. 나눔의 정신은 울산사람들이 지닌 DNA다. 그 덕분에 나 역시 가진

● 좋은이웃 정갑윤입니다

것은 없었어도 배움의 끈을 놓지 않고, 이 자리까지 올 수 있었던 것 아닐까.

울산은 또한 도전과 성장의 DNA를 품고 있다. 내가 어릴 적만 해도 온통 경작지와 벌판뿐이었던 울산이 수십 년 새 산업화의 중심지로서 가파르게 성장했다. 울산이 가진 자원 조건이 훌륭했기 때문이다.

일단 뛰어난 항만산업의 조건을 갖춘 곳이다. 조수간만의 차가 심하지 않고 수심이 깊어 박정희 대통령 시절 이전부터 항만을 통한 수송의 요지로 발달해왔다. 중화학계열의 항만산업들이 발전하면서 많은 일자리가 생겼고, 전국에서 사람들이 모여들어 도시를 가득 채웠다. 작은 반촌 도시가 한국 최고의 공업도시로 변모한 것이다.

역사·문화·환경 유산도 훌륭하다. 우리나라에서 가장 오래된 선사시대 유적 반구대 암각화와 천전리 각석, 태화강 국가정원과 십리대숲, 대왕암공원, 가지산사계, 신불산 억새평원, 간절곶의 일출, 강동·주전 몽돌해변, 울산대공원, 울산대교, 장생포 고래문화마을, 외고산 옹기마을, 대운산 내원암 계곡 등 울산 12경을 비롯해 볼 것이 넘친다. 천혜의 자연조건인 영남알프스와 동해바다도 앞뒤로 크게 두르고 있다.

울산토박이인 나에게 울산의 명물을 딱 하나만 꼽으라면 역시 '인심'을 꼽을 것이다. 예나 지금이나 울산의

가장 큰 인프라는 바로 사람이다. 안타깝게도 현재 울산은 전국에서 가장 빠르게 인구 감소를 경험하고 있는 도시 중 하나다. 지난 5년간 울산의 인구는 매년 1만 명 꼴로 감소했다. 급격한 산업화와 도시화 과정에서 울산사람 특유의 푸근한 정서가 조금씩 희석되어 버린 것은 참으로 애석한 일이다.

'인간성 회복'은 울산시가 당면한 가장 큰 과제다. 지역의 미래를 만들어 갈 주체는 정부도, 기업도 아닌 사람이다. 울산의 미래는 울산시민의 손에 달렸다. 울산-비울산을 배척하기보다 울산광역시 공동체 아래 사는 모두가 '원주민'이라는 생각으로 마음을 모아야 할 때다. 울산사람의 정(情)이 오래된 대중가요 속 가사로만 남아버리지 않도록 말이다.

> 내 이름은 경상도 울산 큰애기 / 상냥하고 복스런 울산 큰애기 / 서울 간 삼돌이가 편지를 보냈는데 / 서울에는 어여쁜 아가씨도 많지만 / 울산이라 큰애기가 제일 좋대나 / 나도야 삼돌이가 제일 좋더라
>
> <울산 큰애기> 가사 중

통합의 구심점을 마련하는 일이 지방행정부 역할이다. 울산의 성장·발전을 위해 지역사람들이 소통하고 화합할 수 있는 장을 열어줘야 한다. 정부의 주요사업들이 울산에 유치될 수 있도록 노력하는 것도 중요하다. 일자리가 있는 곳에 사람이 모인다. 중앙정부가 울산이라는 지역에 꾸준히 관심을 가지도록 만드는 게 자치단체장이 해야 할 일이다. 또한 울산이 울산 본연의 장점을 회복할 수 있도록 시민들과 소통하고 행정적 지원을 아끼지 말아야 한다.

● 좋은이웃 정갑윤입니다

울산고래(좌) 대왕암(우)

2002년 제16대 국회의원으로 처음 중앙정치에 입문한 지 올해로 20년이 되었다. 힘든 상황 속에도 여기까지 올 수 있었던 것은 다름 아닌 주변 사람들의 애정과 격려 덕분이었다. 이젠 내가 받은 사랑을 돌려드려야 할 때다.

울산대학교 재학시절 은사였던 박긍식 전 과기처장관이 내게 해준 말씀 중 지금까지 마음 속 깊이 박혀 있는 말씀이 있다. "정 군, 세상에 더 많은 사람들이 자네를 기다리고 있는거야. 너무 사소한데 신경 쓰지 말고, 멀리 바라보게나."

1월 1일 울산 간절곶에 올랐다. 육지에서 가장 먼저 해가 솟아오른다는 간절곶. 시원하게 트인 망망대해 앞에 서 가장 이른 시간에 뜨는 해를 바라보며 누구보다 일찍 미래를 준비해나가는 울산을 기약한다.

인터뷰에 응해주신 많은 분들에게 감사한 마음을 전합니다.
간절곶에서 정갑윤

좋은이웃 정갑윤

정갑윤의 영원한 울산 사랑이야기

01 | 대한민국 산업수도 울산의 미래를 말하다

상생발전으로 활력 넘치는 울산경제와
미래먹거리를 만들기 위한 전문가 대담

- 좌　장 : **정갑윤** 대한민국 국회 부의장(前)
- 토론자 : **박재완** 기획재정부 장관(前)
　　　　차의환 울산상공회의소 상근 부회장
　　　　김주홍 울산대 교수(국제관계학)

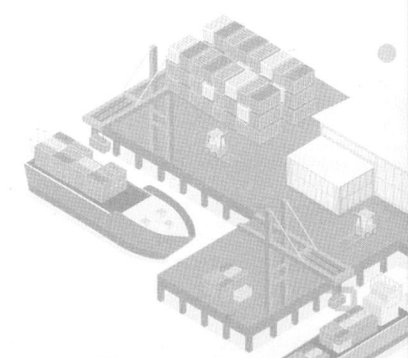

대한민국 산업수도
울산의 미래를 말하다

4차 산업혁명은 가파른 속도로 진전되고 있다.
몇 년 뒤엔 지금 생각하는 것과 전혀 다른 세계가
되어 있을 것이다. 한 세대를 내다보는 비전으로,
민과 관이 함께 적극적으로 노력해야 한다.

정갑윤(정) 안녕하십니까. 존경하는 박재완 전 장관님, 차의환 부회장님, 김주홍 교수님을 한 자리에 모시고, '대한민국의 산업수도 울산의 미래와 새로운 미래먹거리를 만들기 위한 전문가 토론회'를 개최하게 됐습니다.

오늘날 울산의 현실로 봤을 때 아마 다들 하실 말씀이 많으시리라 생각이 됩니다. 이에 따라 토론에 상당한 시간이 소요될 것으로 보입니다. 보다 효율적인 토론을 위해 제가 적절히 발언 안배를 하겠으니, 이 점 넓은 양해를 부탁드립니다.

그럼 지금부터 토론을 시작하겠습니다. '현재 위기의 울산을 어떻게 구할 수 있을지'에 대해, 울산의 산업 활동에 대해 가장 깊숙이 알고 계실 것으로 보이는 차의환 부회장님부터 말씀해주시기 바랍니다.

● 좋은이웃 정갑윤입니다

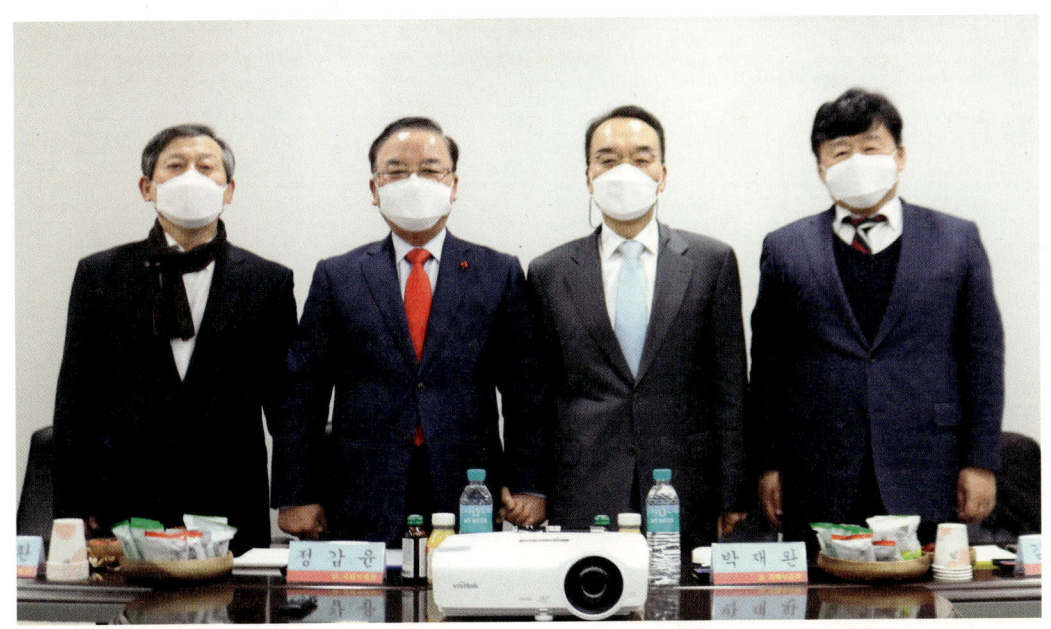

대한민국의 산업수도 울산의 미래를 위한 전문가 토론회

▎새로운 도시발전을 위해 제조업 중심의 산업구조 탈피해야

차의환(차) 존경하는 정갑윤 의장님, 아시다시피 1962년 2월 울산에 공업센터 기공식이 처음 열렸을 때 당시 3만 3000명이 참석했습니다. 당시 울산 인구가 8만 5000명이었다는 것을 생각해보면, 사실상 생산가능 인구 중에 움직일 수 있는 사람이 다 왔다고 볼 수 있을 만한 규모였습니다.

그때 정부의 광공업부문 투자총액 대비 약 25%가 울산에 투자되었습니다. 당시 돈으로 404억 원 정도의 규모로 추산됩니다. 그렇게 1차, 2차, 3차, 4차 경제개발로 가는 과정에서, 한국이 사실상 공업화가 된 것이라고 볼 수 있습니다. 그러니까 울산의 산업화가 곧 대한민국의 산업화였다고 볼 수 있는 셈입니다. 1960~70년대에 공업

토론자 프로필

박재완
한반도선진화재단 이사장 /
제3대 기획재정부 장관 /
성균관대 명예교수

차의환
울산광역시 상공회의소 부회장 /
청와대 정책실 혁신관리수석비서관

김주홍
울산대학교 국제관계학과 교수 /
울산대학교 사회과학대학장 /
한국세계지역학회 27대 회장

화와 더불어 우리 사회가 근대화되어 갔으며, 그 이후 1980~90년대에 현대화가 이뤄졌습니다. 2000년대 와선 울산이 침체성장을 계속하게 되었는데 (기존의 산업발전 영역에서) 그런 사실을 받아들이지 못한 부분이 있습니다.

그 무렵 지식정보화 사회, 시민사회가 향상되면서 뉴거버넌스* 에 맞는 메커니즘을 적용해야만 했습니다. 그런데 이런 부분들이 울산에서 제대로 소화가 안 되어서 결국 발전의 동력을 서서히 잃기 시작한 것입니다. 2015년엔 침체성장이 절정에 달했습니다. 그때 변곡점 현상이 두드러지게 드러났습니다. 울산이 2009~10년에라도 미래를 잘 준비했더라면 오늘날과 같은 '침체의 늪'엔 빠지지 않았을 것이라고 생각합니다. 그러니까 울산이 2000년대 들어 사회전반에 걸쳐 이뤄진 선진화, 글로벌화를 잘 받

---

* 뉴거버넌스 : 정부와 시장, 시민사회가 함께 협력하는 국정운영 관리 체제를 말한다.

● 좋은이웃 정갑윤입니다

아들이지 못한 이유를 명확히 파악하는 것이 울산의 침체를 극복하기 위한 첫 번째 과제라 생각합니다.

울산이 새로운 도시발전을 이루기 위해선 무엇보다 제조업 중심의 산업구조를 탈피해야 합니다. 울산은 제조업이 70%에 달할만큼 성장하는 동안 서비스업은 20%도 채 성장하지 못했습니다. 제조업과 서비스업이 동반성장해야 전체 산업의 파이가 커집니다. 특히 기존의 자동차·조선·석유화학 분야가 서서히 하향곡선을 그리며 경직현상을 보이고 있습니다.

그런데 이를 보완할 수 있는 행정적·제도적 지원이 제대로 안 이뤄져 왔습니다. 가장 큰 문제 중 하나가 비동시화 현상입니다. 그 중 하나를 지적하자면 바로 빈약한 금융산업 분야의 발전입니다. 울산은 산업발전 수준에 비해 금융자산의 축적 정도가 매우 낮습니다. 제대로 된 금융의 여신기능조차 없는 게 우리 울산의 현실입니다.

여기에 문명의 자원화·자본화 수준도 높지 않습니다. 세계적 문화유산으로 손꼽히는 반구대 암각화만 봐도 그렇습니다. 이토록 뛰어난 인류의 유산이 아직까지 물 속에 있습니다. 기존의 자동차·석유화학·조선업의 경쟁력을 보완하고 능가할 수 있는 역사적·문화적 자원인데도 방치하고 있습니다. 가만히 살펴보면 울산만큼 관광자원이 풍부한 곳도 없습니다. 수군사령부와 병마사령부가 동시에 있는 유일한 지역이 울산입니다. 27개의 성곽, 대왕암 등 관광자원도 대단하죠. 하지만 이 모든 것이 제조업과 함께 동반성장하지 못하고 있습니다.

역사·생태계·해양·산악 관광을 아우른다면 울산은 충분히 산업도시 이상의 테마를 갖출 수가 있습니다.

이렇게 된다면 울산이 마주한 또 다른 문제, 일자리 문제도 해결할 수 있습니다. 서비스업과 관광업이 발전한다면 일자리를 창출할 여지가 있습니다. 울산은 말할 것도 없이 제조업의 편중이 심한 도시입니다. 대한민국에 이토록 기간산업이 집적된 곳이 없습니다. 그만큼 이 분야에선 경쟁력이 있는 것이지만 그만큼 일자리 간 불균형도 심한 것입니다.

정 차의환 부회장님께서 울산이 처한 현실에 대해 잘 말씀해주셨습니다. 사실 울산이 미래에 대한 준비를 많이 하지 않은 것이 사실입니다.

일찍부터 울산이 산업경쟁력을 유지하고 더 발전해가기 위해 R&D 기능이 강화되어야 한다고 생각했습니다. 울산 경제가 3대 주력산업을 중심으로 호황을 누려왔지만 이들 산업이 매년 경쟁력을 잃어가고 있습니다. 자동차는 점차 경쟁력을 잃어가고 있으며, 중공업 분야는 일본의 기술고도화·중국의 막대한 기초투자에 밀려 샌드위치처럼 끼어버렸습니다. 석유화학 단지 역시 대국 가운데 장치 산업이 살아있는 나라가 많지 않은 것을 보면 그 미래가 자명합니다. R&D 분야의 강화는 산업수도로서 울산의 생존과 직결된 문제입니다.

이를 위해 중구 우정동 혁신도시, 중구 장현동 장현도시첨단산업단지 조성을 위해 앞장 서 노력했습니다. 특히 2022년 착공 예정인 장현도시첨단산업단지의 경우, 국회 부의장 임기 중 신속한 예비타당성 조사까지 마무리하며 울산의 신산업 발전에 디딤돌이 되었습니다.

자금의 흐름 문제도 심각합니다. 마감 시간만 되면 울산 내 기업에서 발생한 재화가 전부 서울로 올라가 버립니다. 울산에서 발생한 돈이 울산에서 몇 바퀴 돌다 이동해야 하는데, 바로 빠져나가 버립니다. 그게 울산의 서비스업을 활성화시키지 못한 것입니다. 이런 악순환으로 인해 울산이 결국 단순 생산기지로 전락한 것입니다.

차 울산 내 화폐 환수율은 2012년까지 평균 30% 내외를 기록했으며, 설상가상으로 2013년부터는 화폐발행 기능도 부산으로 가 버렸죠.

울산의 역사가 곧 한국 경제의 역사… 지나친 풍족함이 오히려 毒됐다

김주홍(김) 저도 한 말씀 드리겠습니다. 울산의 역사는 곧 한국 경제의 역사라고 할 수 있습니다. 20세기의 대한민국은 엄청난 시련으로 시작했지만, 결국 세계10위의 경제대국으로의 발판을 이뤄냈습니다. 그 힘이 문명사적으로 어떤 의미일지, 고민을 많이 했습니다.

울산공단 야경

울산의 경제가 어느 정도의 힘을 갖고 있었냐하는 것을 가장 단적으로 보여주는 것이 바로 IMF 당시입니다. 울산의 경제는 IMF 이후 3년 정도를 버텨냈습니다. 그것은 당시 고깃집 운영 여부를 보면 알 수 있었는데요. 전국의 고깃집이 경영난으로 문을 닫을 때 울산지역의 고깃집만 문을 안 닫고 있었습니다. 그 정도로 경제가 탄탄했습니다. 정갑윤 부의장님 말씀대로 2010년대 초중반 울산의 주력산업 중 하나인 조선업이 세계 경기와 맞물려 바닥을 쳤습니다. 그 전에 자동차는 이미 일부가 아산으로 빠져나 갔죠. 석유화학은 중국이 따라오는 상황이었습니다.

한국은 식민지로 전락했다가 반세기 만에 경제대국으로 우뚝 섰습니다. 그 과정에서 다른 나라 힘을 빌리긴 했지만, "의미 있는 건물이라곤 하나도 남아 있지 않은 폐허에서" 정치적 독재를 거쳐 어찌됐건 10위 경제대국으로의 발판을 다진 것입니다. 그런데 21세기 들어와 경제가 위기 상황에 맞닥트린 것입니다. 전체적인 국가 경제 자체가 안 좋다곤 하지만 울산은 특히 그 어려움이 심하게 느껴지는 지역임을 부정할 수 없습니다. 저는 그 원인을 이렇게 봅니다. 미래 산업에 대한 고민이 적었던 이유는 아이러니하게도 기존의 경제 부흥을 이끈 제조업의 총아가 다 이곳에 모여 있기 때문이라는 것입니다. 자동차·조선·석유화학, 그와 관련된 협력업체 등등 20세기 굴뚝산업의 총아들이 다 모여있으니 '21세기 지식산업'을 위한 준비가 오히려 먹히지 않은 것은 아닐까, 하는 생각입니다.

제조업의 영광이 너무나도 달콤했던 것은 아닐까요? 세계 최고의 조선, 세계 5위의 자동차 산업. 또 세계 최고 수준의 석유화학 등을 보유한 선발 국가로서의 이점이 주는 달콤함에 취해 그것이 다 사라질 때까지 누릴만큼 누리고, 미래에 대한 대비는 없었던 것입니다.

● 좋은이웃 정갑윤입니다

그렇다면 앞으로 어떻게 해야할까요? 미래에 대한 구상을 그리다 보면, 화두가 몇 개 나옵니다. 4차 산업시대로의 진입, 토탈빅블러(Total Big Blur), 그러니까 모든 산업의 경계가 흐려지고 있는 시대의 도래…. 울산은 어떠한 장기적 관점으로 새로운 산업시대로 전환할 수 있을 것인가에 대한 고민이 필요한 때입니다.

지금까지 행정의 영역에서 이 문제에 대한 고민을 얼마나 했는지는 상당히 의문입니다. 차기 시장을 염두에 둔 사람이라면 이 미래에 대한 고민이 그 구상에서 상당 부분 차지해야 할 것입니다. 시민들에게 울산의 미래에 대한 방향을 제시하려면 말입니다.

울산의 금융산업에 대한 문제에 대해서도 한 말씀 드리고자 합니다. 제가 어느 자료를 통해 울산시의 본원소득이 빠져나가는 것을 보니, 하루 생산된 6만5000달러 중 1만1000달러가 빠져나가는 수준이었습니다. 개인적으로 이런 현상 역시 울산시가 초래한, 자업자득이 아닌가 생각합니다.

현대중공업이 하루에 벌어들이는 외환이 한국 환율시장에 영향을 줄 정도로 막대한 규모라고 합니다. 이런 식의 풍요로움이 오히려 울산의 미래에 독이 된 것입니다. 미래산업을 고민하고, 금융산업 등 여타 산업군의 발전을 도모하려는 모든 노력은 결국 '배가 고파야' 하는 것입니다. 그러기엔 울산시의 여건이 '너무' 좋았던 건 아닌가 싶습니다.

마지막으로 울산의 현실에 대해 지적하고 싶은 건, 자본과 기술이 광속으로 움직이는 세계화의 시대에서 결국 '매력'이 있어야 투자가 이뤄지는 것입니다. 그렇다면 울산은 과연 어떤 매력이 있을까하는 겁니다. 공업단지로서의 입지 조건이나, 노동력의 가격경쟁력 면에서 큰 매력이 있을까요? 거대한 자본은 한국 내에서만 움직이는 게 아닙니다. 보다 국제화된 시각과 접근이 필요한 부분이라고 생각합니다.

온고이지신 정신 유지하며 신산업 가미해야

박재완(박) 전 울산에 대해 깊이 알지 못하지만, 감히 한 말씀 드리겠습니다. 앞서 정부의장님께서 우리 토론의 제목을 말씀하시면서 '대한민국의 산업수도'라는 표현을 사용했습니다. 그런데 앞에서 차의환 부회장님이 지적했듯 울산은 산업수도라기보단 '굴뚝산업·중화학공업의 수도'가 더 맞는 표현 같습니다.

제조업의 강점을 가진 도시가, 그 산업에서 창출되는 부가가치나 비교우위가 급격하게 꺾이며 어려움에 봉착하는 것은 비단 울산만의 문제가 아닙니다. 이미 산업의 구조는 달라지고 있습니다. 미국만 봐도 구글, 아마존 등 부가가치가 큰 서비스업이 약진하고 있습니다.

전반적으로 제조업에만 안주하면 산업의 미래는 불투명할 수밖에 없습니다. 다 아시는 것처럼 중국, 베트남, 인도 등 후발주자들이 급격하게 추격해오고 있습니다. 제조업 경쟁력의 큰 비중을 차지하는 인건비, 입지, 노사관계 등의 조건에서 우리가 후발국가에 견주어 강점을 유지하기 쉽지 않습니다. 물론 선진국 가운데 일본, 독일, 스웨덴처럼 제조업이 여전히 강한 나라도 있습니다. 울산도 그런 나라를 벤치마킹해 초격차를 유지할 수도 있겠습니다. 반도체를 비롯해 제조업에서 유망한 일부 분야는 집중적으로 살리면서 말입니다. 그러나 결국 다른 나라에 주도권을 넘길 수밖에 없는 그런 분야에 대해선 연착륙을 하는 방법을 준비해야 합니다.

앞서 금융산업에 대한 문제들을 제기하셨는데 제 생각엔 울산에서 갑자기 금융산업을 육성한다는 건 현실적으로 좀 무리가 아닌가 싶습니다. 금융산업의 핵심은 인력이죠. 게다가 금융은 의료, 법률과 같은 산업처럼 '집적'의 속성을 지닙니다. 현실적으로 울산이 다른 도시에 비해 이 분야의 비교우위를 점하기 난망한 상황입니다.

● 좋은이웃 정갑윤입니다

그럼 울산의 선택지엔 무엇이 있을까요. 현재 전 세계적으로 급격히 성장하는 것이 바로 플랫폼 경제입니다. 플랫폼 경제는 크게 세 가지로 나눌 수 있습니다. 기술·제품 기반의 테크형, 유통·콘텐츠 기반의 생태형, 그리고 애플처럼 테크형과 생태형을 합친 하이브리드형입니다.

울산이 가진 강점을 살려 테크형 플랫폼 경제로 나아가는 것이 현실적인 대안으로 보입니다. 부품, 소재, 중후장대형 제조업의 강점을 살린 플랫폼 경제 쪽으로 서비스업을 발전시키면 좋을 것 같습니다. 이미 현대차는 그런 쪽으로 많이 움직이는 듯 보여 다행이란 생각이 듭니다.

울산의 주력산업은 조선·자동차·석유화학입니다. 전부 탄소, 화석연료와 관련이 깊습니다. 그런데 이미 15-6년 전 세계은행은 이런 산업을 근간으로 한 도시는 가난해질 것으로 전망한 바 있습니다. 이른바 'Brown Poverty Trap(갈색빈곤함정)'에 빠진다는 것입니다. 여기에서 '갈색'은 '녹색'과 대비되는 개념으로 화석연료 기반 산업을 일컫습니다.

코로나19 이후 전 세계적으로 녹색 경제에 대한 투자가 더욱 활발해지고 있습니다. 기업에서도 ESG[**]에 관한 관심이 늘고 있고요. 자동차 업계 역시 전기차, 수소차로 방향을 잡아가고 있습니다. 미래의 산업을 준비할 때 울산 역시 갈색빈곤함정에 빠지지 않는 큰 비전이 필요합니다. 한 세대를 내다보는 비전을 만들어 적극적으로 노력할 필요가 있습니다.

도시의 미래를 그리는 데 울산이 참고할 세 가지 선진국 사례를 들어보겠습니다.

[**] ESG : 기업의 비재무적 요소인 환경·사회·지배구조 개선 등 윤리경영을 실천하는 것을 말한다.

첫째는 미국 디트로이트입니다. 오대호의 심장부에 있는 이 도시는 자동차·조선·석유화학 산업이 주력산업이었습니다. 울산과 비슷하죠. 하지만 기존 산업에만 안주하며 산업의 혁신을 이끌지 못한 디트로이트는 결국 'Rust Belt(녹슨 지대)'란 오명을 입을 정도로 쇠락하고 말았습니다.

디트로이트와는 전혀 다른 길을 걸은 도시가 바로 시애틀입니다. 과거 시애틀은 조선·항공·철강 등을 주력산업으로 삼았으며, 대륙횡단철도의 기점 도시이자 아시아와 무역을 다루는 대표적인 항구였습니다. 그런데 1962년 시애틀이 세계무역박람회를 개최하면서 시의 미래를 상징하는 스페이스 니들타워를 만들었습니다. 당시 많은

석유화학공단 전경

● 좋은이웃 정갑윤입니다

사람이 그 이유를 궁금해했었죠. 시는 "앞으로 우주로 향하는 전진기지로서 첨단지식산업 메카가 되겠다"라는 포부를 밝혔습니다. 그때 모두가 비웃었습니다. 그런데 60년이 흐른 지금, 시애틀엔 마이크로소프트, 스타벅스, 보잉, 아마존 등 유망한 데이터 기업의 본사들이 자리를 잡고 있습니다. 바이두, 알리바바, 텐센트 등의 R&D 센터도 전부 시애틀에 있습니다. 울산과 비슷하게 중화학공업이 기저를 차지하고 있던 시애틀이 데이터경제 시대에 신산업의 메카로 탈바꿈한 것입니다.

시애틀과 디트로이트 중간쯤 되는 도시가 제가 살았던 보스턴입니다. 미국 동북부의 바닷가에 입지한 도시로, 섬유·피혁·조선·방위산업의 기지였습니다. 하버드와 MIT 대학 등 명문대가 자리한 교육·문화 도시이기도 합니다. 보스턴은 시애틀처럼 환골탈태한 것도 아니고, 디트로이트처럼 급전직하한 것도 아닙니다. 보스턴의 전략은 온고이지신(溫故而知新)이었습니다. 꾸준히 자기 지역산업의 특성을 업그레이드했습니다. 전기·전자·로봇 등 하드웨어적 측면과 명문대·금융·의학·컨설팅 등 소프트웨어적 측면을 접목해나갔습니다.

울산은 어떤 모델을 택할 수 있을까요. 시애틀처럼 되는 것은 여러 가지 면에서 현실적으로 좀 어려워 보입니다. 그렇다고 디트로이트의 길을 걸어선 절대로 안 될 것입니다. 한편으로는 법고창신, 온고이지신의 정신을 살리며 기존의 산업을 보강하고, 다른 한편으론 새로운 산업 중 현실적으로 할 수 있는 것을 가미하는 전략을 쓰면 좋겠습니다.

우리 정갑윤 부의장님의 큰 업적 중 하나로 꼽히는 것이 바로 울산과학기술원(유니스트)으로의 전환입니다. 2009년 울산과학기술대를 울산과학기술원으로 전환한 것은 울산으로선 축복과 같은 일이었습니다. 산업의 업그레이드와 신산업의 육성을 위해

선 지역 전반의 혁신생태계가 꼭 필요합니다. 그 중심축이 바로 이공계 대학입니다. 유니스트가 그 역할을 하게 될 것입니다.

물론 여전히 울산의 교육환경엔 개선의 여지가 많다고 보입니다. 여러 사례에 비추어 보았을 때, 산유국처럼 자원이 아주 풍부한 지역이 아니라면 결국은 사람의 역량, 인적역량이 경제를 좌우하는 것이라 봐도 과언이 아닙니다. 우리 자녀들이 많이 배우고, 번듯한 일자리를 갖고, 그들이 자라 안정된 가정과 일자리를 갖는 평범한 꿈, 이 꿈이 이루어지려면 전반적으로 중등교육 수준이 좀 더 올라가야 합니다.

정 감사합니다. 박 전 장관님과는 17대 국회의원을 같이 했습니다. 이후 기재부 장관을 하실 때 제가 국회 예결위원장을 했습니다. 서로간의 소통이 잘 되는 사이라고 할 수 있습니다. 현직에 계실 때도, 그 이후에도 우리 울산에 많은 관심과 애정을 보여주신 분입니다. 이 자리를 빌려 감사의 말씀을 드립니다.

정 유니스트를 유치하는 과정에서 정말 많은 사람들의 노력이 있었습니다. 제가 국회 행정자치위원회 소속이었을 때, 유니스트 지원 연설을 했던 것이 기억이 납니다. 다른 지역은 대학이 넘쳐서 구조조정을 하는데, 울산엔 '국립'이란 이름표를 단 시설이 하나 없던 시절이었습니다. 당시 저는 "눈물 젖은 빵을 먹어보지 않은 사람은 가난을 모른다"는 논리로 반대하던 이들을 설득했습니다. 결국 반대하던 여당 의원들이 그 연설에 공감하고 해당 안을 통과시켜줬습니다.

하지만 유니스트를 유치한 뒤 울산의 미래를 준비하는데 유니스트가 어떤 역할을 할 것인가란 부분에 대해선 부족함이 많았던 게 사실입니다.

주력업종에서 미래 위한 돌파구 찾자

차 4차 산업혁명이란 말이 화두에 많이 오르는데요. 울산이 4차 산업혁명을 받아들일 수 있는 기본적 역량이 어느 정도 되는가를 말할 때 중요한 요인 세 가지가 있습니다. 인적자본 역량, 혁신 역량, 그리고 지역경제 역량입니다. 최근 한 조사에서 17개 광역시도의 세 개 역량을 평가한 결과가 나왔습니다. 울산은 세 개 역량 가운데 유일하게 지역경제 역량만 높은 점수를 받았습니다. 나머지는 바닥 수준이었죠.

그런데 현재 4차 산업혁명과 관련된 기업체 가운데 울산의 기업은 고작 2% 정도에 불과하다고 합니다. 그것도 겨우 자율주행차 산업 정도만 앞서나가고 있습니다. 그러니까 울산이 4차 산업혁명을 받아들일 수 있는 기반역량 자체가 매우 낮은 것이라 볼 수 있습니다.

결국 기존의 3대 주력산업의 한계를 벗어던지고 나아갈 수 있느냐를 반드시 고민해야 합니다. 울산의 자동차 산업은 노동생산성 대비 임금 수준이 매우 높은 것으로 유명합니다. 심지어 '갈등비용'은 거의 세계 최고 수준입니다. OECD 국가 가운데 우리나라가 3~4위를 차지한다고 합니다. 이게 바로 울산의 노동현실입니다.

더 큰 문제는 투자율 자체가 적은 것입니다. 미래시장 대비의 적기라 할 수 있는 2015년 기준으로 들어간 자동차 산업의 투자를 조사해보니 폭스바겐은 연간 19조인데 반해 현대는 3조 5000억원에 불과했습니다. 산업의 발전을 위해선 선제적 투자가 필요합니다. 그런데 우리나라 자동차 산업계의 투자는 해외 투자에 더욱 집중해 있습니다. 국내 투자는 미미하고, 울산에 투자는 더더욱 적습니다. 그게 울산 자동차 산업의 가변적 요인 중 하나입니다.

하이브리드차, 수소차 등 새로운 자동차 산업은 2030년이나 돼야 부가가치가 국민들에게 돌아가기 시작한다고 합니다. 그러니까 지금 울산의 자동차 산업이 미래를 위해 투자하고 준비해도 향후 10년 뒤에야 그 효과를 보이는 셈입니다. 지금 당장 효과를 보일만한 것은 미미합니다.

조선도 상황은 다르지 않습니다. 중국에 비해 조선업의 생산과 기술은 우리가 앞서지만 정부지원과 경영은 떨어집니다. 부가가치의 증대 수준도 중국이 더 높습니다. 결국 이익은 중국이 챙기는 것이죠. 한국 조선업은 채산성이 낮은 상태입니다.

석유화학 산업은 어떨까요? 원유 정제는 이미 마진이 너무 낮아졌습니다. 많은 업체가 석유화학품 생산에 뛰어들었죠. 많은 기업들이 석유화학에 재투자를 하고 있지만, 문제는 석유화학계열에서 창출될 일자리 자체가 그리 많지 않다는 것입니다.

울산으로 돌아와 봅시다. 울산시에서 '에너지 메카'를 내세우며 주력하는 부분이 대부분 석유화학, 게놈, 바이오 등등입니다. 물론 울산은 에너지 메카에 올인하지 않을 수 없는 상황입니다. 이미 너무 많은 기관과 관련 산업이 집적돼있습니다. 그러니 1

> " 기업이 활발히 활동을 하고, 시민이 안정적으로 생활하려면 국가의 정책이 그 여건을 조성해줘야 한다. 그런 점에서 지금의 정책적 지원은 아쉬운 점이 많다. 서민을 위한 정치를 하겠다던 외침은 어디로 가고, 오히려 빈부간의 격차가 더욱 심해졌다. "

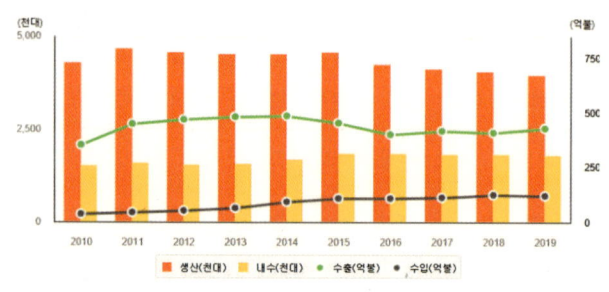

자동차 산업 동향
[출처] 자동차산업협회「자동차통계월보」, 무역협회 통계

차적으로는 여기에 올인하는 방법론을 강구하는 수밖에 없을 것입니다. 우리가 가지고 있는 강점, 주력업종에서 돌파구를 찾아야 하는 것입니다.

정 코로나19가 진정되면 원활한 생산 활동이 다시 이뤄질 것으로 희망합니다. 다만 지금까지 집권여당이 절대 다수당이 되면서 규제 법안들을 대폭 통과시키고 있는 상황이 우려됩니다. 이렇게 되면 앞으로 기업활동을 하기 더 힘들어지는 것입니다. 이것도 정부와 기업이 소통해 정비해가야 할 것으로 보입니다.

차 정 부의장님 말씀처럼 기업을 하는 사람으로서 걱정이 앞섭니다. 울산의 석유화학 업계가 전전긍긍하고 있습니다. 화관법, 화평법, 특히 최근의 중대재해기업처벌법 등은 기업이 극복하는데 어려움이 예상됩니다. 이런 것들도 일시에 단행하기보단 단계적으로, 신축성 있게 분야별 차등 확산을 해나가는 것이 경제계에 주는 충격파를 줄일 수 있지 않을까 생각합니다.

정 이럴 때일수록 미래를 대비하고 행정영역에서 제도를 정비해야 할 것입니다. 귀한 말씀 감사합니다.

4차 산업혁명 현실화 위해 행정적·재정적 지원해야

김 말이 나온 김에 4차 산업혁명에 대해 말씀드리고자 합니다. 4차 산업혁명은 그 분야가 광범위합니다. 미국 증권시장을 보면, 구글, 테슬라, 마이크로소프트, 애플 등 우리가 알고 있는 세계적 기업들의 주식과 반도체주, 풍력주 등 이른바 상승하는, 잘 나가는 업종은 모두 4차 산업혁명과 연관되어 있습니다.

그런데 울산의 산업을 보고, 4차 산업혁명을 떠올리면 머리 속에 떠오르는 것이 많지 않습니다. 왜일까요?

가장 큰 이유는 우리가 여전히 과거의 달콤한 굴뚝산업의 성과에 취해 노력을 하지 않고 있다는 것입니다. 4차 산업혁명, 탄소경제 등등 아무리 얘기해도 이를 행정적으로 뒷받침할 여력도 없을 뿐만 아니라 시장에서도 그만큼의 비용(cost)을 감당하겠다고 나서는 기업이 없는 것입니다.

이런 상황에서 울산시는 '시정 차원에서 할 수 있는 최대 행정적 지원이 무엇일까'라는 문제의식을 가져야 합니다. 4차 산업혁명을 산업현장에서 현실화시키는 문제가 가장 중요한 과제입니다. 인적자본 역량이나 혁신 역량이 안 되는 건 행정과 재정 지원으로써 보완할 수 있습니다.

나아가 앞서 빈부 격차와 사회 양극화 얘기를 하셨는데, 기술문명이 발달할수록 사회적·경제적 양극화가 심화되는 것은 어느 나라, 어느 시대에서나 똑같습니다. 그러니 산업의 한 단계 도약을 준비함에 있어 이런 양극화 문제를 반드시 감안해 기술문명을 정책화해야 합니다.

박 중국에 이런 속담이 있습니다. "나무를 심기에 가장 좋은 시기는 지금으로부터 20년 전이었다. 그때 나무를 심지 못했다면 그다음으로 좋은 시기는 바로 지금이다." 물론 지금부터 준비해갈 많은 프로젝트의 결실이 10여 년 지난 뒤에야 결실을 볼 것입니다. 어쩌면 그보다 오래 걸릴 수도 있겠습니다만, 그렇다 할지라도 지금 해야 할 일을 소홀히 해선 안 됩니다.

● 좋은이웃 정갑윤입니다

국가적인 사업은 멀리, 최소 10년은 내다보고 추진해가야 흔들리지 않고 백년대계를 도모할 수 있습니다. 장기적인 시각을 가져야 합니다. 딸이 태어나면 그 딸이 커서 시집갈 때 가구를 만들어주기 위해 오동나무를 심는다고 하지 않습니까.

또 4차 산업혁명이 진전되면 일자리가 줄어들 거란 가설도 말씀하셨습니다. 개인적으로 저는 그런 가설에 동의하진 않습니다. 역사적으로 1차와 2차, 3차, 4차 산업혁명이 진전되면서 기술진보와 함께 생산성 역시 향상됐습니다. 당연히 일자리도 늘었죠. 다만 여가가 함께 늘며 근로시간은 줄었습니다. 그러니까 일하는 시간 총량은 줄 수 있지만, 일자리 자체는 유연하게 대응하면 유지 혹은 증가시킬 수 있습니다.

일자리 걱정으로 인해 4차 산업혁명을 미뤄두는 것은 우둔한 선택이 될 수 있습니다. 오늘날 지역의 경제는 국가 안에서만 이뤄지는 것이 아닙니다. 글로벌 시대이기 때문에 국가 간 경계를 뛰어넘는 경쟁을 하고 있습니다. 울산이 울산 내 일자리가 줄 것을 우려해서 노동을 대체할 기술의 도입을 늦추는 것과는 별개로, 다른 나라, 다른 도시는 4차 산업혁명을 가속화하고 있을 것입니다. 울산만 그 흐름에서 뒤쳐지는 결과를 낳을 것입니다.

울산의 선택지를 잘 고민해봐야 합니다. 울산에 맞는 제조업 기반에 신기술을 접목하는 방안도 있겠습니다. 현대차에서 일부 도입한 것으로 알고 있지만, 사물인터넷, 클라우드, 센서, 인공지능, 빅데이터 등 4차 산업혁명의 흐름을 활용한 제조업으로 한 단계 격상시킬 수 있지 않을까 생각합니다.

제조업 기반 플랫폼 경제로 울산경제 격상해야

역시 제조업 강국인 독일은 '인더스트리 4.0'이라고 해서 중소기업이 주체가 되어 스

주전몽돌해수욕장

마트공장으로 진화해가고 있습니다. 소프트웨어 솔루션 중심으로 4차 산업혁명이 이뤄지고 있습니다. 스마트공장 자체가 큰 산업인데, 어쩌면 울산도 관련 산업의 핵심 소재, 원천기술 개발 등의 중심지가 될 수 있지 않을까 합니다.

앞서 제가 말씀드린 플랫폼 경제는 이미 전 산업과 전 업종의 대세로 떠올랐습니다. 건설에도 데이터 테크놀러지를 접목하고 있습니다. 기반 산업이 탄탄한 울산이 데이터 테크놀러지를 주력사업에 접목해 플랫폼 경제를 육성하는 것도 가능한 방안으로 보입니다.

석유 기반 산업 역시 하나의 시작점이 될 수 있습니다. 노르웨이와 UAE 등은 산유국인데도 국부펀드를 조성해 탈석유 기술에 많이 투자하고 있습니다. '기후 기술'이라

● 좋은이웃 정갑윤입니다

고 하는 영역입니다. 울산도 어쩌면 위기를 기회로 삼을 수 있을 것입니다. 모순된 표현 같지만 뒤처져 있기에 앞으로 나설 수 있는 것입니다. 에너지 저장시스템, 태양광 구동, 담수화, 태양광 풍력 부품, 원전 설비 등 녹색 성장 쪽으로 도전해볼 만합니다. 마지막으로 울산이 가진 천연의 자원을 활용해 친환경 도시로서 문화·관광 산업을 활성화할 잠재력도 충분해 보입니다. 울산엔 반구대 암각화 등 문화유산과 영남알프스, 태화강, 바다 등 자연자원이 있습니다. 서비스업에서 선택과 집중을 잘한다면 제조업 중심 도시에서 제조업과 부가가치가 큰 서비스업이 균형을 이루는 역동적인 경제로 나갈 수 있을 것으로 보입니다.

서비스업에서 부가가치가 큰 일자리를 만들려면 역량을 갖춘 사람들이 울산 와서 살고 싶어 해야 합니다. 잠깐잠깐 와서 컨설팅만 하거나 주말부부로 혼자 내려오는 것이 아니라, 울산에 정주해야 합니다. 그러려면 무엇보다 중등교육이 강화되어야 합니다. 대학과 함께 인적역량을 키울 수 있어야 합니다.

정 결국 기업이 제대로 활동을 하고, 시민이 안정적으로 생활하려면 국가의 정책이 그 여건을 조성해줘야 합니다. 그런 점에서 지금의 정책적 지원은 아쉬운 점이 많습니다. 서민을 위한 정치를 하겠다던 외침은 어디로 가고, 오히려 빈부 간의 격차가 더욱 심해졌습니다.

최근엔 팬데믹으로 인해 국가 부채마저 늘었습니다. 이명박, 박근혜 정부 때 국가 채무비율이 30% 선을 유지했다면, 최근 몇 년 새 50%를 넘어섰습니다. 국가 채무비율의 증가는 국가간 자금을 차용할 때 이자율이 높아지고, 결국 제조 원가의 증가로 이어집니다.

요즘 국가의 운영을 보며 안타까운 점이, 우리 사회의 모든 문제를 정부가 국가 예산을 써서 해결하려 하는 것입니다. 국가 예산을 끌어 쓴다는 건 결국 빚을 내어 쓰는 것입니다. 국가채무비율 증가와 생산원가 증가라는 악순환이 반복됩니다. 코로나19 사태가 종식된 후에도 그 후유증은 쉽게 수습되기 어렵다는 점에서 보다 신중한 접근이 필요합니다.

무너진 시장 논리를 바로 세우고, 빈부격차와 부동산 안정화 등 제반 문제를 해결해 나가야 할 것입니다.

박 정부가 모든 영역에 팔을 걷고 나서고 있는 현실입니다. '보모국가(nanny state)' 형국이죠. 그런데 정부가 나라 곳곳을 살피고 돌보는 것과 포퓰리즘은 종이 한 장 차이입니다. 근대국가 가운데 보모국가를 자처한 경우는 단기적으론 성과가 반짝했을지 몰라도 결국 그 효과가 10년 이상 가지 못하고 대부분 실패하고 말았습니다.

정부가 민간활동에 감 놔라 배 놔라 하면 민간기업으로선 의욕이 떨어지기 마련입니다. 자율적 분위기가 쇠퇴하게 되면 경제 활력 자체가 떨어지는 것입니다.

민간은 생각보다 더 복잡 미묘한 영역입니다. 그리고 정부는 전지전능하지 않죠. 불합리한 규제는 금단 현상이 있더라도 줄여나가는 것이 중요하다고 생각합니다.

특히 정부가 국고를 헤프게 쓰는 것은 상당히 위험한 것임을 자각해야 합니다. 국가가 위기 시에 돈을 쓸 땐 반드시 지켜야 할 '3T의 원칙'이 있습니다. 'Timely(적기 지출), Temporary(일시 지출), Targeted(맞춤형 지출)'입니다. 국민에 대한 재난지원금은 이런 기준에 비춰서 평가해야 합니다. 수해가 났는데 이재민뿐만 아니라, 온 국민에게 재난지원금을 준 거나 다름없습니다. 미래세대의 부채를 무리하게 늘린 것입니다. 사회정의와도 맞지 않습니다. 더욱 신중하고 생산적인 재정 지출이 절실합니다.

정 다들 송곳같이 정확하면서도 우리 국가와 사회를 위한 따뜻한 문제의식을 보여주셨습니다.

전문가 토론회 좌장으로 토론회를 주최한 정갑윤 국회 부의장(前)

시간이 거의 끝나가는 관계로 마무리 발언을 부탁드립니다.

교통 개선으로 울산시민 일상의 불편함 해소

김 오늘 이 자리의 주제가 울산의 산업에 대한 것이지만 이와 밀접한 관련이 있는 교통 분야에 대하여 한 말씀드리며 마무리하겠습니다.

제가 예전부터 울산시에 말해온 아이디어이긴 합니다만, 울산의 고질적 교통체증 문제를 해결하기 위한 방안입니다. 울산 시내 교통문제의 핵심은 태화강을 낀 도로의 폭이 좁고 태화강을 동서 방향으로 활용하지 못하는 데서 오는 측면이 큽니다. 그래서 제 생각엔 강에 폴대를 박아서 도로를 동서로 펼쳐내면 어떨까 합니다. 물론 도로의 하중을 어느 정도 견딜 수 있는지에 대한 공학적, 토목적 검토가 선행되어야겠습니다. 대형 화물차 등은 아예 이쪽 도로로 돌려 교통을 운행한다면, 울산시민들이 일상적으로 겪는 불편함을 어느 정도 해소할 수 있을 것으로 보입니다.

차 울산엔 '4도'가 있다고 합니다. 1도, 울산은 부자도시다. 2도, 수출도시다. 3도, 산업도시다. 그리고 4도, 근로자의 도시다. 요즘의 울산엔 1~3도는 사라지고 4도, 즉 노동력 문제가 울산 산업에 무척 중요한 요인이 되고 있습니다.

4차 산업혁명은 노동문제에도 적용되는 문제입니다. 우리보다 4차 산업혁명을 앞서 받아들이고 있는 일본을 보니 산업의 발전에 발 맞춰 노동법도 변화하고 있습니다. 주5일제를 4일 또는 2일까지 검토하고, 정년을 40세로 앞당긴 뒤 '두번째 취업'을 할 수 있는 직업훈련도 준비하고 있습니다. 그에 반해 울산의 4차 산업혁명이 나아가는 속도는 느립니다. 이제 울산도 과감하게 체질 개선을 해야 합니다.

박 모두의 마인드가 바뀌어야 할 문제입니다. 4차 산업혁명은 가파른 속도로 진전되고 있습니다. 코로나19가 그 속도를 더했습니다. 몇 년 뒤엔 지금 생각하는 것과 전혀 다른 세계가 되어 있을 것입니다.

흔히들 우리나라 근로자의 속성이 로봇과 비슷하다고 합니다. 시키는 일은 누구보다 잘하지만, 시키지 않으면 자발적으로 나서서 챙기지 않는다는 것입니다. 소속감도 강하고, 선례대로, 교본대로 철저히 성실하고 신속하게 하는데, 창의성, 자율성은 미흡합니다. 그게 대량생산과 일관작업 중심의 제조업이 지닌 강점이자 한계입니다.

연공서열과 상명하복을 중시하는 기존의 조직문화와 톱니바퀴처럼 일사불란하게 굴러가던 의식·관행에 맞춰진 인적역량을 업그레이드해야 4차 산업혁명을 이끌 수 있습니다. 평생학습과 직업 재훈련 등이 필수적입니다. 정부와 자치단체가 기업과 손잡

● 좋은이웃 정갑윤입니다

고 준비해나갈 영역입니다.

저는 '미래'라고만 하면 좀 추상적이어서 이렇게 표현을 하곤 합니다. '일하는 양부모 가정이 보편적인 도시'. 이 말엔 일자리, 저출산, 양성평등, 보육과 교육, 주거, 복지, 치안 등이 모두 담겨 있습니다. 대부분 서민의 가슴에 와닿는 의제가 되지 않을까 생각합니다. 울산의 미래를 준비하고 그 밑그림을 구상하시는 분들께서도 이처럼 구체적인 그림을 그려서 철저하고 섬세하게 준비해나가시길 부탁드립니다.

정 지금까지 세 분 토론자 모두 귀한 말씀 감사드립니다. 울산 산업의 미래에 관한 관심과 애정을 느낄 수 있었습니다. 제가 세 분 말씀 잘 정리해 앞으로 지역사회 발전에 큰 보탬이 될 수 있도록 노력하겠습니다. 오늘 이런 걱정이 울산의 난제를 해결하는데 큰 보탬이 되길 바랍니다. 저도 노력하겠습니다. 바쁘신데도 불구하고 멀리서, 가까이서 이렇게 참여해주셔서 감사드립니다.

태화강국가정원 봄꽃축제

좋은이웃 정갑윤

정갑윤의 영원한 울산 사랑이야기

02 | 나의 고향 울산시민의 '삶' 그리고 '꿈'

아이의 행복이 울산의 희망입니다

- 사립유치원연합회 울산광역시 회장 **배경희**
- 민간어린이집연합회 울산광역시 회장 **양정선**
- 가정어린이집연합회 울산광역시 회장 **양경아**

울산의 심장, 울산산단과 함께 살아가는 근로자

- 현대자동차 **최정우** 님
- 중소기업 **서민혁** 님

울산의 희망찬 미래 시민과 손잡고 함께 만들어갑니다

- 울산대학교 총학생회 회장 **신수진**
  전임 회장 **김지환**
- 취업준비생 **이동준** 님
- 주부 **최유리** 님
- 주부 **이혜빈** 님
- 한국외식업중앙회 울산중구지부 지부장 **변종연**
- 울산중앙수산주식회사 중도매인 (前)조합장 **장순화**
- 모범운전자회 회장 **이동우**
- 택배근로자 **박성덕** 님

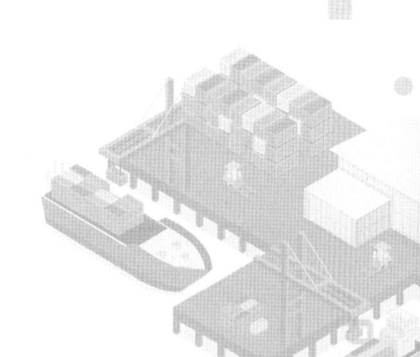

아이의 행복이
울산의 희망입니다

사립유치원연합회 울산광역시
배경희 회장

'언제까지 교육해야 하나 이젠 문을 닫을 때가 되었나'란 생각에 종종 잠기곤 한다. 그래도 매일 유치원 문을 열고, 어렵지만 유치원 살림을 이어가는 것은 '신념' 때문이다

코로나19 정국이 장기화되면서 한국 사회가 전반적으로 많은 어려움을 겪고 있다. 길고 암울했던 2020년을 지나 2021년 봄이 찾아왔지만, 마스크 없이 완연히 즐겼던 지난날의 봄이 오기까진 여전히 요원해 보인다.

나처럼 유치원을 운영하는 사람에게도 이번 팬데믹 사태는 유독 아프고 추운 시기였다. 아이들 교육과 보육 문제는 정권이 바뀌고 장관이 바뀔 때마다 늘 큰 변화를 겪어왔다. 다른 것은 몰라도 아이들의 미래를 담보로 한 교육 정책만큼은 전문가의 통찰 아래 일관되게 꾸준히 추진되어야 한다고 생각한다. 하지만 현실은 변화의 수준도 클 뿐만 아니라 그 시기도 너무 잦아 일선 현장에서 혼란스러운 상황이 왕왕 발생하고 있다. 이런 혼선이 잦아지면서 운영난과 깊은 허탈감에 우리 교육자들이 하나 둘 유치원을 떠나고 있는 현실이다.

유치원을 운영하고 또 직접 지도를 하고 있는 교육자로서, 한국의 사립유치원이 처한 현실은 개탄스러운 지경이다. 인구가 감소하고 있는 상황에서 현실에 맞는 정책이 아닌, 인위적 숫자 끼워맞추기식 정책이 난무하고 있는 것은 아닌지 우려가 되는 상황이다.

현 정권 초기의 정부는 2022년까지 전체 유치원생 중 국공립유치원에 다니는 아이들 비율을 40%로 늘리겠다며 2600개 학급을 증설하는 계획을 발표했다. 그러더니 2018년 목표연도를 1년 앞당겨 2021년까지 취원율 40%를 달성하겠다고 나섰다. 이를 위해 많은 예산을 투입하며 속도를 내고 있는데, 교육 현장에 있는 사람으로서 이같은 정부의 방침이 이해가 되지 않는 부분이 많은 것이 사실이다. 지금도 텅텅 비어 있는 교실 하나에 1억원이나 되는 예산을 들여 확장을 한다는 것인데, 오로지 40%라는 숫자를 달성하기 위해 말이다.

정부 정책결정권자들이 유아교육의 중요성을 안다면 무리한 국공립 확장보단 유치원 전체의 무상교육으로 방향을 잡는 것이 합리적이다. 대한민국 국민이라면 누구든 고등학교까지 무상교육을 받는다. 그런데 왜 유아교육은 무상으로 제공하지 않는가. 하물며 유아기는 아이의 인성을 형성하는데 가장 중요한 시기다. 8살까지가 한 사람의 인성 80%가 형성되는 시기라고들 말한다. 그러니까 이 시기 인성교육은 우리 사회가 갖는 평생의 자원인 셈이다. 지속적으로 사회문제가 되고 있는 강력·흉악범죄의 발생은 유아기 인성교육을 어떻게 하느냐에 따라 그 결과가 달라질 수 있다. 남을 배려하고 용서하고, 서로 다름을 이해하는 교육을 통해 보다 성숙한 시민으로 성장할 수 있는 근간을 마련할 수 있다.

저출산 문제도 심각하다. 일단 아이들이 없다. 주변을 봐도 원생이 없어 어린이집이고, 유치원이고 문을 닫는다. 나는 1985년 유아교육과를 졸업한 뒤 교사생활 5년 하다 바로 유치원 경영을 시작했다. 지난 30년 동안 이런 적은 없었다. 울산 전체 유치원 수가 128개에서 2021년 현재 96개로 유치원의 수가 36개 정도 줄어든 상태이다. 그런데 유치원 정책만 역행하고 있다. 이미 텅텅 비어있는 유치원들을 두고 새로 국공립유치원을 신설하겠다는 것이 얼마나 비합리적인 정책인가.

무리한 증설 말고도 방법은 충분히 있다. 아이 양육으로 힘들어하는 부모에 부담금을 주는 등 실질적 지원을 한다면 출산율도 해결되고 양육부담도 해결할 수 있다. 부담금 지원은 궁극적으로 아이들에게 질 좋은 교육을 시킬 수도 있는 방법이기도 한다.

사립유치원을 운영하는 입장에서 힘든 점을 말하라면 이루 말할 수 없을 정도다. 개인사업자로 등록되어 있어 대출이 어렵다는 점, 유치원 3법에 묶여 옴짝달싹 할 수 없는 것 등 많지만 그 모든 것을 차치하고 이것만은 말씀드리고 싶다. 법을 만드는 것도 중요하지만, 그에 따른 정확한 잣대와 지원이 선행되어야 한다는 것이다. 지원은 없이 의무만 강요하는 현재의 유치원 정책이 계속되어선 미래가 없다.

요즘 들어 '언제까지 교육해야 하나' '이젠 문을 닫을 때가 되었나'란 생각에 종종 잠기곤 한다. 하지만 아직까지 매일 아침 일어나 유치원 문을 열고, 어렵지만 유치원 살림을 이어가는 것은 '신념' 때문이다. 어렵고 힘들지만 이 일은 보람이 있다. 아이들의 맑은 눈빛을 볼 때면 너무 행복하기 때문에, 그걸로 모든 답답함을 씻어내는 것이다.

울산시 교육청이 우리와 꾸준히 소통하고 혁신하고자 노력하고 있는 점은 높이 평가하고 있는 부분이다. 현장의 어려움을 토로하면 묵묵히 들어주고, 담당자와 협의하게 해주는 것을 매우 감사하게 생각하고 있다. 하지만 그럼에도 한계가 있는 것은 결국 국가 차원에서, 정책적으로 풀어야 하는 것이다.

나라의 미래를 생각한다면 부디 유아교육에 제대로 신경 써주시길 바란다. 아이들이 꿈꿀 수 있는 울산을 만들어 달라. 아이들이 꿈을 키울 수 있는 곳을 보장할 수 있는 어른이 되어달라.

탐앤제인유치원의 유치원에서 교육프로그램을 체험 중인 아이들 / 사진제공 : 탐앤제이유치원

아이의 행복이 울산의 희망입니다

민간어린이집연합회 울산광역시
양정선 회장

정책을 결정하고 국가 교육의 방향을 그리는 분들이 '국공립 만능주의'를 벗어나 실제적으로 교육 현장에 도움이 될 수 있는 부분을 고민해주셨으면 좋겠다.

1993년부터 유치원 교사로 일하기 시작해 2002년부터 울산 남구에서 민간어린이집을 운영하기 시작했으니, 벌써 30년 가까이 이 일에 종사해왔다. 그러는 가운데 참 많은 정치인들, 위정자들을 만나봤다.

정치하는 분들께 딱 이 한마디만 드리고 싶다. "현장을 좀 봐 달라."

어린이집 현장은 전쟁터와 같다. 아이를 돌보는데 집중하기도 부족한데, 평가인정 등 형식적인 '페이퍼워크(paper work)'가 너무 많다. 실질적으로 얼마나 그게 중요할지 의문이 들 정도인 경우도 있다.

● 좋은이웃 정갑윤입니다

우리의 일의 본질은 아이를 보는 것이다. 아이를 좋은 사회구성원으로 키워내는데 일조하는 것이다. 부디 우리가 아이들만 볼 수 있도록 제반 여건을 잘 잡아주십사 부탁드린다. 형식적인 업무가 지나치게 많은 것도 역시 현장을 떠나 머리로만 행정을 하기 때문이 아닐까.

정치하는 분들이 대체로 '투표'에만 집중하느라 선심성 공약을 남발하는 경우가 너무 많았다. 그 중 하나가 바로 국공립어린이집 증설 문제다. 지금 정부와 일부 지자체는 마치 '국공립' 이름표를 달면 모든 유아교육 문제가 해결되는 것처럼 말하고 있다.

중요한 것은 제대로 된 어른들이, 안정된 장소를 제공하며 그 안에서 안정된 보육을 제공하는 것이다. 어린이집에서 아동학대가 일어나는 상황의 핵심은 CCTV의 유무가 아니다. 교사의 자격 요건 문제라고 생각한다. 지난 세월동안 교사 자격증 제공을 통해 일자리를 창출하면서 교사가 될 수 있는 문턱을 너무 낮췄다. 그렇다보니 함량 미달인 교사들이 등장하고 이것이 아동학대, 비윤리적 어린이집 운영 등으로 이어지게 된 것이다. 국가가 정치적 혹은 정책적 필요에 의해 자격제도 요건을 잔뜩 완화해놓고 사고가 터지면 결국 그 책임을 떠안는 것은 우리 어린이집 교사들의 몫이 아닌가. 정말 가슴 아픈 일이다. 교사의 질을 높이기 위해선 자격에 대한 부분을 엄격히 강화해야 한다.

국공립 신설 공약을 남발하기 보단 기존 관련 인프라를 십분활용하는, 현실성 높은 정책이 필요하다. 불필요하게 막대한 예산을 투입해 국공립을 확장하기보다 기존의 민간 영역의 인프라를 흡수해 국공립화해가며 체계화하는 방안도 현실적으로 강구해볼 필요가 있다.

우리 민간어린이집도 그 수명이 얼마 남지 않았다는 것을 우리가 누구보다 잘 알고 있다. 아이 수가 줄고 있으니까. 지난해 합계출산율이 0.84명으로 역대 최저로 떨어진 가운데 전국의 어린이집 수도 빠르게 줄어들고 있다. 전국 어린이집 수는 2013년 4만3770곳으로 최고치를 기록한 뒤 꾸준히 감소해 2020년 3만5352곳으로 19.2% 감소했다.

실제로 울산에서도 민간어린이집이 문을 많이 닫았다. 지난 2014년 울산 남구에 민간어린이집 연합회 회원으로 가입한 어린이집 개소수가 120개였는데 올해엔 60개소가 채 안 된다고 한다. 6~7년 새에 반 토막이 난 셈이다. 지난해도 힘들었지만, 2022~2023년이 정말 어려울 것이라고들 말한다. 코로나19의 영향으로 젊은 부부들 사이에 임신을 기피하는 현상이 두드러졌기 때문이다. 인구절벽은 더욱 가속화될 전망이다.

민간어린이집에서 적정 수준의 교사 대 아동 비율은 정해져 있다. 이 비율을 정한 건 정말 잘 한 것 같다. 무엇보다 아동이 보호받을 수 있다. 여기에서 한 발 더 나아가 반 당 지원금이 있어야 한다고 생각한다. 한 반에 아이 정원이 미달되더라도 안정적으로 운영하고 보육 서비스를 제공할 수 있게 하기 위함이다. 정부로부터 지원받는 보육료는 현실적 기준에 비춰봤을 때 너무 낮게 책정되어 있다. 그러다보니 교사들에게까지 돌아가는 월급 수준이 높지 않다. 교사들이 수많은 업무를 처리하는 데 비해 그 보상이 지나치게 적다.

민간어린이집은 과거에 비하면 제도적으로 많이 안정됐다. 서류도 많이 간소화되고, 어린이집의 운영 상태도 전국적으로 표준화가 많이 이뤄졌다. 하지만 개선과 발전엔 쉼이 없는 법이다. 정책을 결정하고 국가 교육의 방향을 그리는 분들이 실제적

● 좋은이웃 정갑윤입니다

으로 교육 현장에 도움이 될 수 있는 부분을 고민해주셨으면 좋겠다. 무엇보다 언제부턴가 만연한 '국공립 만능주의'를 탈피해 교육 현장의 현주소를 바로 봐주셨으면 좋겠다.

아이의 행복이
울산의 희망입니다

**가정어린이집연합회 울산광역시
양경아 회장**

많은 어린이집 선생님들이 자신의 능력의 최대치를 끌어내어 일하고 있다. 정부도 균등한 정책으로 보육교직원들의 동등한 노동 권리를 보호하고, 안정적 보육환경을 조성해 부모님들이 안심하고 맡길 수 있는 어린이집이 되길 간절히 바라는 바이다.

출산율의 지속적 감소로 매년 어린이집 이용률이 감소하면서 자연스럽게 어린이집의 수도 빠르게 줄고 있다. 보건복지부 통계에 따르면 지난 5년간 5000여개의 가정어린이집이 폐원되었고 현재도 이어지고 있다.
현장에서 느끼는 온도감은 더욱 낮다. 울산에 28년째 거주하며 가정어린이집을 운영한지 20년째, 매년 영아들이 줄어드는 게 피부에 확확 와 닿을 정도다. 울산의 경우도 가정어린이집이 지난 3-4년 사이에 대략 30% 이상 감소된 추세이다.
영아의 감소추세에다 코로나19 팬데믹 현상까지 겹치면서 상황은 더욱 악화되었다.

● 좋은이웃 정갑윤입니다

다니던 어린이집마저 가정보육으로 전환하여 영아의 어린이집 이용률을 줄이는 실정이기 때문이다. 코로나19가 어린이집에 준 타격은 생각보다 상당하다. 우리 어린이집에 오는 아이만해도 30% 이상이 줄었다. 2021년 3월 기준 가정어린이집 이용 인원이 기존 인원의 절반 수준도 못 미치는 원들이 다수이다. 이런 상황이면 보육교직원들의 급여조차 보전이 어려워진다. 정부는 인건비지원 시설인 국공립, 법인, 직장어린이집 유형에만 인건비를 지원하고 있어 안정적인 운영이 가능하나, 가정어린이집의 경우 인건비 지원은 없으며 영유아 수만큼만 지급되는 운영비로 운영하기 때문에 많은 어려움을 겪고 있다.

대부분의 사람들은 어린이집에서 일한다, 어린이집을 운영한다고 그러면 "돈 많이 벌겠다" "애들이랑 일하면 스트레스 받을 일 없어 좋겠다"고 말하기도 한다. 그런데 우리 가정어린이집 보육교직원들의 현실은 그렇지 않다.

아이들이 있는 동안은 아이들의 보육에 집중하느라 바쁘고, 아이들을 하원시킨 뒤엔 각종 서류처리, 부모상담, 소독관리 등 다량의 업무로 정신없이 일하고 퇴근한다. 보육교사들의 특성상 퇴근하고 집안일이 있음에도 부모로부터 오는 연락으로 이어져 퇴근 후에도 편히 쉴 수 없는 실정이다.

또한, 최근의 언론보도를 통해 누적된 '아동 학대', ' 보조금횡령' 등 좋지 않은 이미지로 매우 어려운 여건이다. 예전엔 우리가 힘들긴 해도 어디 가서 "좋은 일 한다"는 소리를 들었는데, 요즘엔 우리 어린이집을 보는 시선 자체가 곱지 않은 경우가 많다. 사실 어린이집에서 학대가 일어나고, 비용 횡령이 일어나는 경우는 전체를 놓고 봤을 땐 극히 일부다. 그러나 관련 사건사고가 반복적으로 보도되면서 어린이집에 아이를 보내길 원치 않는 부모들이 늘고 있다. 얼마 전 울산지역 부모님들도 촛불을 들고

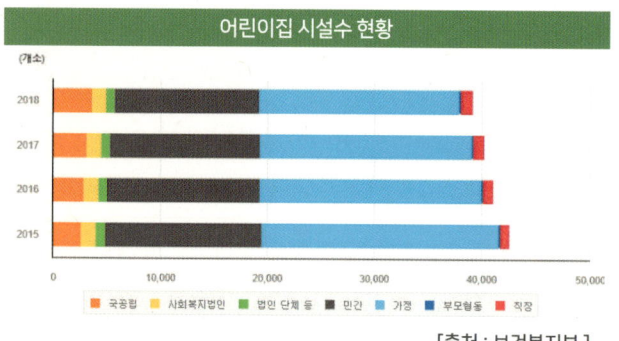

[출처 : 보건복지부]

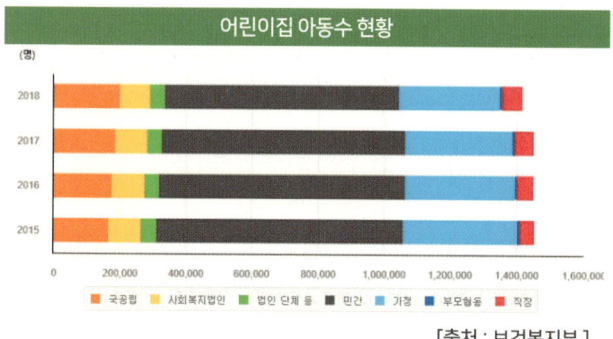

[출처 : 보건복지부]

거리로 나오고, 추측만으로 아동학대 허위 신고도 늘어나고, 어린이집을 관두는 등 어린이집을 향한 불신이 커졌다. 현재는 어린이집 보육교직원으로서 이런 부분이 가장 마음 아프고 슬프지만 다수의 부모들이 원장과 교사들이 영유아를 위한 노고를 알아주고 있기에 사명감으로 최선을 다하고 있다.

현장에서 우리 선생님들이 보육하는 모습을 보면 사명감 없인 결코 하지 못할 정도란 생각이 절로 들 것이다. 외부 활동 중 잠깐만 쓰고 있어도 답답한 마스크를 하루 종일 착용한 채 아이들을 보고 있는 모습을 바라보다 괜히 울컥하기도 했다. 아이의 안전이 최우선이기에 당연한 것이지만, 어린이집 운영자 입장에서 봤을 땐 어쩌면 아이의 안전을 담보로 보육교사의 희생을 강요한다고 볼 수도 있는 것이기에 운영자로서 죄송한 마음이 밀려 들었다.

요즘 가정어린이집을 운영하는 분들을 만나면 다들 똑같은 고민을 토로하고 있다. "언제 문을 닫아야 하나" 라는 고민이다.

● 좋은이웃 정갑윤입니다

정부가 코로나 19로 운영이 힘든 소상공인을 대상으로 재난지원금을 제공하지만, 가정어린이집의 경우 보육료와 운영비 일부를 지원받는다는 이유로 소규모 시설임에도 불구하고 지원시설로 구분되어, 정부가 소규모 사업장에 지원하는 부분들에 배제되고 있다.

어린이집 유형별로 지원 정책도 다르다. 앞서 말했듯이 국공립, 법인, 직장어린이집 유형의 경우 인건비를 지원하고 가정, 민간어린이집 유형의 경우 아동수만큼의 일부 운영비만 지원된다. 영유아.학부모에 대한 보육서비스 제공, 정부의 관리감독 등 동일하게 운영되는 어린이집인데 유형이 다르다는 이유만으로 차별적으로 지원하고 있다. 법적인 모든 잣대는 동일하게 적용하면서 지원의 영역에 있어서만 차별적 지원을 하는 것은 합리적인 정책이라고 볼 수 없다. 다른 것은 몰라도 영유아를 보육하는 부분에 있어서만큼은 동일한 지원이 이뤄져야 한다. 같은 어린이집이지만 가정어린이집 안에서 보육되는 영아들은 차등적 정부 지원의 피해를 입을 수도 있는 것이다.

어린이집 선생님들은 대부분 이 일을 그만 둘 때는 '힘들어서 다신 안 해야지' 하면서도 결국 돌아오는 것은 이 일에 대한 전문성과 자부심, 그리고 사명감 때문이다. 아이에 대한 사랑은 기본이다.

지금도 많은 어린이집 선생님들이 자신의 능력의 최대치를 끌어내어 영유아와 학부님들을 위해 일하고 있다. 정부도 균등한 정책으로 보육교직원들의 동등한 노동 권리를 보호하고, 안정적인 보육환경을 조성해 부모님들이 가정어린이집에 아이들을 안심하고 맡길 수 있도록 적극 지원해 주기를 간절히 바라는 바이다.

울산대 총학생회 신수진 회장(右)
김지환 전임 회장

> 청년들이 울산에 머물 만한 유인책이 마련되어야 하지 않을까. 수준 높은 일자리와 아이를 키울만한 여건 등이 보장된다면 청년들이 울산에 남지 않을 이유가 없다.

신수진 코로나19는 우리가 살던 세상의 이곳저곳을 바꿔놓았다. 지난 1년 새 가장 극적인 변화를 겪은 분야가 바로 대학 교육 분야였다. 수백년간 이어져오던 대학의 수업 방식이 한 순간 비대면 방식으로 전환되는 순간을 우리는 모두 지켜볼 수 있었다. 대학 내에선 수업 방식의 변화와 함께 수업의 질과 이에 따른 등록금 문제가 화두로 떠올랐다. 특히 코로나19 사태 초기엔 비대면 수업의 질이 대면을 통한 수업에 비해 현격히 떨어지며 학생들이 낸 등록금의 효용에 대한 의문이 제기되었다. 상황이 달라지면 이에 따른 비용이 달라지기에 이러한 문제제기는 합리적인 것이었다.

● 좋은이웃 정갑윤입니다

대학도, 학생도 처음 겪는 상황이었기에 원만한 합의에 이르기까지 상당한 조율의 시간이 필요했다. 학생들의 의견부터 모으는 일부터 쉽지 않았다. 일단 대면과 비대면 방식을 원하는 학생의 비율이 반반이었다. 대면 수업을 원하는 학생의 입장은 코로나19가 어느 정도 완화되면 정상적인 등록금을 내고서라도 가격에 합당한 수업을 받았으면 하는 것이다. 비대면을 원하는 학생의 입장은 집에서 어느 정도 수준의 대학 수업을 받을 수 있으니 오히려 기숙사 비용이나 원룸을 구하는 데 드는 비용을 절감할 수 있는 이점이 있다는 것이다. 특히 해외에 있는 외국인 학생의 경우 외국 자신의 집에서 수업을 똑같이 들을 수 있다는 점에서 비대면을 선호하기도 했다. 일부 학생들은 그 전에 비해 학점이 더 잘 나온다는 이유로 비대면 방식을 선호하기도 했다.

지난한 협상 끝에 지난해 결국 대학측은 등록금의 10%를 환불조치했다. 올해 등록금 수준에 대해선 아직까지 결정된 바 없는 상태다. 이 부분이 아마 올해에도 총학생회의 최대 현안이 될 것으로 보인다. 울산대만의 문제가 아닌 전국적인 현안이다.

단순히 등록금을 돌려 받고 말고 뿐만 아니라, 달라진 교육 환경 속에서 학교 서비스 수준을 맞추느냐도 중요하다. 2021년 총학생회 회장으로서 학교 안의 복지 혜택을 온라인으로 돌리는 사안에도 집중하고자 한다. 코로나19라는 불가피한 상황으로 인해 비대면 행사가 많이 이뤄졌다. 그런데 작년 신입생을 대상으로 알아보니 수업을 듣기 위해 학교를 찾는 경우는 적었지만 중간이나 기말 등 시험은 여전히 대면으로 이뤄졌다. 제대로 된 OT없이 학교생활을 시작한 2020년 신입생들은 시험을 보러 와서 캠퍼스에서 길을 잃고 헤매는 경우가 다반사였다는 이야기를 했다. 이에 온라인으로 학교를 소개하고, 학교 시설을 이용하는 매뉴얼 영상을 제작하는 등 신입생과 편입생에게 복지혜택을 제공할 필요를 느꼈다.

지금은 대학 생활에 초점을 맞추고 있지만, 대학생으로서 중요한 문제는 취업과 이후 주거 문제가 아닐 수 없다. 울산엔 공학 기반의 기업이 많이 들어와 있지만 신입사원을 모집하는 규모는 그리 크지 않다. 규모 면에서나 영역 면에서 매우 제한적이다.

나와 같은 공대 친구들은 울산에 입주한 공기업의 지역 인재채용에 도전하는 경우가 많다. 울산에서 대학을 나와 이 곳에 계속 머물고 싶은 마음은 크지만, 현실적으로 자리를 잡기가 쉽지 않아 주변의 대도시, 서울로 많이들 빠져나간다.

이들이 울산에 머물 만한 유인책이 마련되어야 하지 않을까. 수준 높은 일자리와 아이를 키울만한 여건 등이 보장된다면 청년들이 울산에 남지 않을 이유가 없다. 결국

태화강국가정원 봄꽃축제

● 좋은이웃 정갑윤입니다

울산을 떠나는 이유도 안정적 생활을 영위하기 위해서다. 삶의 여건이 마련된다면 자신의 고향을 떠날 이유가 없다.

김지환 인문계열 학생으로서 울산에서 자리를 잡는 것이 더 어렵게 느껴진다. 울산에서 기회가 많지 않은 편이기 때문이다. 울산에서 대학을 다녀보니 살기 좋고 여유로운 것 같지만, 이곳에서 일정한 소득을 유지하며 살 수 있을까, 생각해보면 답이 나오지 않는다.

울산은 광역시임에도 불구하고 4년제 대학, 또는 전문대학이 턱없이 부족하다. 고등학교를 졸업하면서 울산의 인재들이 다른 도시로 떠나고 있다. 젊은 청년인재들이 찾아올 수 있는 교육전문기관 확충과 그 교육기관들을 통해 울산의 다양한 산업현장까지 나아갈 수 있는 시스템이 필요하다.

울산대 총학생회가 유권자수로 따지면 1만 명 정도된다. 울산 내에서 봤을 때 결코 무시할 수 없는 수다. 작년 코로나19 상황으로 인한 전국적으로 대학등록금 반환 문제가 불거졌을 당시가 총선 기간이었다. 그때 정치를 하시는 분들이 먼저 다가와 대학생들의 고충을 듣고 문제 해결에 도움이 되겠다 했지만, 총선이 끝난 뒤 이 문제에 발 벗고 나선 사람은 없었다. 명지대에서 등록금 반환이 시작된 이후 순차적으로 전국 각지 대학에서 이뤄진 것이었다.

정치인들의 약속이 말로만 끝나지 않았으면 한다. 대학생들이 현재진행형 유권자로서 정치인들의 말과 모습을 기억하고 있음을 잊지 말아달라.

취업준비생 이동준 님

내가 울산에 살고 싶은 이유라는 게 그리 대단한 것은 아니다. 한 집 건너면 다 아는 살아있는 공동체 문화, 여유로운 주거 환경, 아름다운 자연…. 옆에 있을 땐 잘 모르지만, 떠나보면 느껴지는 울산만의 특별함이다.

코로나19와 울산시 주력산업의 약세가 이어지며, 청년 실업 및 취업 문제가 사회 문제로 떠오르고 있다. 울산의 청년층의 '탈울산 행렬'도 심각한 수준이다. 통계청이 발표한 '2020년 연간 국내 인구이동 통계 결과'에 따르면, 울산의 인구 순유출률은 -1.2%로 전국 17개 시·도 가운데 가장 높았다. 이 중 20대 청년층의 유출 인구가 5500명으로 압도적으로 많았다. 유출되는 인구의 수는 연령별로 40~50대 2900명, 30대 1800명, 10대 1400명, 60세 이상 1100명 등으로, 나이가 젊을수록 울산을 떠나 수도권으로 향하는 비중이 높았다.

● 좋은이웃 정갑윤입니다

청년들은 왜 울산을 빠져나가는 걸까. 어떤 사람들은 울산이란 도시의 특성을 들먹인다. 애초에 돈을 벌기 위해 모인 인구 집단이기에 '애향심'이 없다고 한다.

울산에서 태어난 나의 생각은 조금 다르다. 나와 같은 울산 출신 친구들을 만나 이야기 해보면 고향에 대한 애정과 자부심이 남다르다. 대학을 졸업한 뒤에도 울산에서 직장을 갖고 가족을 구성하고자 하는 친구들이 더 많다.

문제는 현실적 여건이다. 울산에선 가질 수 있는 직업의 종류가 제한적이다. 원하는 직장이 있어도 일자리 수가 적다. 더 많은 일자리를 찾아 부산, 대구 등 주변 대도시로, 서울로 떠나는 것은, 어쩔 수 없는 선택인 경우가 많다. 울산대(법학전공)를 졸업한 나 역시 우리 지역 금융권 등에 취업하기 위해 준비했으나 생각처럼 되지 않아 부산에 있는 직장을 구하기도 했다.

나는 결국 고향에 남기로 했다. 1995년부터 이곳 울산에서 식당을 운영하고 계시는 부모님을 도우며 숨을 고르기로 했다. 울산에 살기 위한 방법을 차차 찾아나가기 위해서다.

내가 울산에 살고 싶은 이유라는 게 그리 대단한 것은 아니다. 한 다리 건너면 다 아는 살아있는 공동체 문화, 여유로운 주거환경, 아름다운 자연···. 옆에 있을 땐 잘 모르지만, 떠나보면 느껴지는 울산만의 특별함이다. 아무리 차가 막혀도 30~40분이면 울산 시내 어디든 도달할 수 있고, 인구밀도가 서울처럼 높지 않아 숨 쉴 수 있다. 탁 트인 국가정원도 있고, 원한다면 얼마든 피크닉과 캠핑도 즐길 수 있다. 문화적 자극은 적은 편이지만, 내 기준으로 봤을 때 사는 데 부족함을 느낄 만큼은 아니다.

물론 모든 청년들의 생각이 같은 것은 아니다. 더 수준 높은 문화·교육 인프라를 바라는 이도 있을 것이다. 경쟁이 치열해도 더 질 좋은 일자리를 원하는 이도 있을 테다.

울산을 빠져나가는 청년들을 붙잡기 위해 울산시도 노력하고 있다. 최근 울산시가

585억 원의 예산을 들여 청년정책 5개 분야 65개 세부사업을 시행한다는 뉴스도 봤다. 울산시민으로서 시의 노력은 높이 평가하고 있다. 다만, 보여주기식 청년정책보단 실질적 효과를 부르는 정책으로의 전환이 필요하다고 본다. 공공근로사업에도 일방적인 예산 지출보다는 그 노동의 수준에 걸 맞는 임금 책정이 이뤄졌으면 한다. 제 주변만 봐도 취업준비생들이 시 혹은 정부 차원의 공공일자리 사업에 제법 참여한다. 근무강도에 비해 많은 급여를 주는 경우도 많다. 이런 일자리가 많아지면, 청년들이 장기적으로 일자리를 갖고 미래를 준비하려하기 보단 단기적으로 수입을 올리는데 그치고 만족할 수 있다. 청년 실업문제를 실질적으로 해소하는 것이 아니라 숫자로만 취업률을 올리는 것이다. 임시방편일 뿐이다.

쉽게 벌 수 있는 임시적인 급여보다, 평생 직업이 될 수 있는 일자리를 마련하는 것이야말로 진정한 의미의 '일자리' 아닐까. 이제 서른이 된, 미래의 한 가정의 가장이 될 사람으로서 바라는 바다. 미래 세대 입장에서, 단기적 숫자 상승을 위해 정부 지출을 무작정 확대하는 것을 볼 때면 오히려 불안하기도 하다. 나중에 그 부담을 어떻게 해소할 것인지 걱정도 된다. 현재의 사업이 미래의 채무가 되는 꼴이 되지 않길 바라는 바다. 한국의 정치권은 정파적 싸움에만 골몰하지 말고, 우리 청년들의 목소리에 진정으로 귀 기울여 주길 바란다. 미래 세대가 바라는 것은 좌-우 이념적 그림이 아니다. 지금, 그리고 앞으로 우리 가족이 안전하고 편안하게 살아가는 것이다. 요즘 나와 같은 청년 세대가 정치 뉴스에 관심을 갖는 것은 정치의 결과가 우리에게 직·간접적 영향을 미친다는 것을 알기 때문이다.

나와 나의 소중한 가족, 친구, 그리고 고향을 지키기 위해 앞으로도 정치에 지속적으로 관심을 보일 것이다. 내가 가진 투표권으로 나의 의무를 다할 것이다.

● 좋은이웃 정갑윤입니다

교육 걱정 없이
아이 키울 수 있는 도시로!

주부 최유리 님

우리가 가진 관광자원을 십분 활용해 이 아름다운 도시를 널리 알리고 싶다. '나만 아는 도시'로 두기엔 너무 아름다운 곳 아닌가!

나는 울산에서 세 아이를 대학까지 보낸 자랑스러운 '주부'다. '일하는 엄마' 밑에서 스스로 원하는 길을 찾아 잘 자라준 아이들 덕분에 나도 내 커리어를 추구하며 즐겁게 살고 있다.

울산은 삶의 터전으로서 조건이 좋다. 무엇보다 발전하는 도시다. 해를 거듭할수록 주거환경이 개선되고 있음을 피부로 느낀다. 예전엔 공업도시라는 이미지가 강했는데, 어느 순간 사회·문화적으로 급격히 성장했다. 낳은 시민들도 나와 같이 느끼고 있다. 최근 '2020 울산광역시 사회조사' 결과 울산시민들의 삶에 대한 만족도가 상당히 높은 것으로 나타났다. 자신의 삶에 대한 만족도는 평균 5.4점으로, 보통(5점) 이상으로 나타났다. 그 뒤엔 정갑윤 부의장님을 포함한 많은 분들의 노력이 있었을 것으로 생각한다.

세 아이의 엄마로서 울산 주거환경은 매우 만족스럽다. 하지만 다른 지역과 비교했을 때 여전히 부족한 부분이 보인다. 경기 상황이나 교육적 인프라 면에서 그렇다. 한국 최고의 산업도시지만 밖에서 보는 것보다 체감여건이 훨씬 어렵다. '풍요 속의 빈곤'이다. 무엇보다 교육적인 측면을 말하지 않을 수 없다. 울산의 교육환경은 서울, 부산 등 대도시와 비교했을 때 매우 열악하다. 아이 혼자 공부 열심히 한다고 원하는 대학을 갈 수 있는 시대가 아니다. 부모로서 자녀에게 최상의 교육을 제공하고 싶은데, 현실적으로 녹록치 않다. 교육 인프라만으론 아이들을 케어하기 힘들단 생각을 종종하게 된다.

정부를 대신해 부모가 노력해야 하는 범위가 점점 커지는 것 같다. 첫째 아이를 키울 때, 둘째, 셋째 아이를 키울 때마다 느끼는 환경이 너무 다르다. 학생의 수는 줄었지만 점점 더 경쟁이 심화되고, 살아남기 힘든 환경이 되고 있다.

하지만 모든 가정이 아이의 교육만 바라보고 신경 쓸 수 있는 것은 아니다. 정부와 지자체가 공적 교육 영역에서 원활히 움직여준다면, 더욱 안심하고 아이를 키울 수 있을 것 같다.

울산은 계속 변화·발전하고 있다. 공업도시 일변도에서 관광도시로 변화하고 있다. 좋은 방향의 움직임이라고 생각한다. 몇 해 전엔 아들의 중국인 친구가 울산에 놀러 온 적이 있다. 그 친구가 울산을 보더니 "이렇게 예쁜 도시일 줄 몰랐다"며 감탄을 금치 못했다.

울산은 관광지로서 방대한 잠재력을 갖고 있다. 최근 코로나19 등의 영향으로 관광지로서의 인식이 멈춘 게 안타까울 따름이다. 팬데믹으로 인해 급감한 해외여행객 수요를 국내여행객으로 잡기도 충분하다고 본다. 아직 국내에서도 잘 알려지지 않은 명소들도 많기 때문이다.

울산에서 행정을 하시는 분들이 할 수 있는 부분이다. 차 막힘도 적고, 도시와 자연이 공존하는 깨끗한 도시. 우리가 가진 관광자원을 십분 활용해 이 아름다운 도시를 널리 알리고 싶다. '나만 아는 도시'로 두기엔 너무 아름다운 곳 아닌가!

신불산 파래소폭포

주부 이혜빈 님

공적 영역 부모들이 걱정 없이 아이를 키우는 데 집중할 수 있는 제반 여건을 마련해주어야 한다. 학교폭력을 사전에 방지할 수 있는 체계적인 인성교육과 아동학대에 대한 강력한 법적처벌이 이뤄져야 한다.

울산은 인구 밀도가 낮아서 번잡스럽지 않고 '육아 맘'으로서 재취업의 기회도 많다고 생각한다. 아울렛 매니저로 근무하며 육아와 일을 병행하지만, 큰 걱정 없이 수월하게 자라주는 아이들 덕분에 큰 어려움을 느끼지 않는다. 아니, 삶의 만족도가 상당히 높은 편이다.

주변에서 아이를 키우는 엄마들이 더 나은 교육환경을 찾아, 더 나은 생활여건을 찾아 대도시로 이사를 나간다. 그 심정을 이해하지 못하는 것은 아니다. 아이가 성장하며 경험하는 폭을 넓혀주려는 마음은 어느 부모나 같으니까.

● 좋은이웃 정갑윤입니다

결국 부모로서 가장 신경 쓰는 부분은 아이들의 성장 환경이다. 지난 일 년 간 가장 큰 문제는 비대면 상황에서의 교육문제였다. 한창 사회 속에서 또래 친구들과 상호작용하며 자라나야할 시기에 비자발적 단절을 경험하는 우리 아이들을 위해 부모로서의 역할을 찾는 시간이었다. 학교를 못 나가는 대신 1:1 과외를 구하는 등, 그 단절을 보완해주는 방법을 찾는데 우리 부모님들도 많은 고민을 했다.

결국 부족한 부분에 대한 방향성은 공적 영역에서 그려야 한다. 부모들이 다른 걱정 없이 아이를 키우는 데 집중할 수 있는 제반 여건을 마련해주는 역할이다. 학교폭력을 사전에 방지할 수 있는 체계적인 인성교육과 아동학대에 대한 강력한 처벌도 이뤄져야 한다.

부모로서 인성교육의 중요성을 절감한다. 일부 학생들 사이의 언어폭력과 신체폭력의 수위가 지나친 것을 보고 놀랄 때가 있다. 어른이 옆에 있는데도 불구하고 아무렇지 않게 심한 욕설을 하는 것을 볼때면 안타까운 마음마저 든다. 어릴 때부터 일상에서 대화하는 방식에 대한 기초 교육이 중요하지 않나 생각이 든다.

이런 일에 있어 어른의 역할이 중요하다. 어릴 때부터 계도해줄 '사회적 어른'의 역할을, 공적 영역에서 해주셨으면 한다. 사실 어른이 어른다워지기 어려운 요즘이다. 버스정류장에서 중학생들 여럿이 모여 앉아 침과 가래를 뱉어대는데도 나서서 한마디하는 어른이 없다.

아이만의 문제가 아니다. 자식을 학대하는 부모, 그런 부모 아래에서 자란 아이들, 모두 하나의 문제다. 아동학대범에 대한 가벼운 처벌이 이런 문제를 반복해 일어나게 하는 것이라 생각한다. 올초 온 사회를 충격에 빠트린 '정인이' 처럼 아동학대가 반복적·지속적으로 일어나고 있다.

하지만 아동학대범에 대한 처벌은 가볍다. 짧게는 징역 6개월, 길게는 징역 2년이다. 학대 부모의 교화를 위한 조치는 아동학대 재범 예방 강의 수강, 사회봉사 등이 전부다. 그리고 그들은 다시 집으로 돌아간다. 2011년 2621건을 기록했던 중복학대는 2019년 1만4476건으로 급증했다.

아동학대범에 대한 법적 처벌을 강화하는 한편 조기 인성교육을 위한 사회·제도적 접근이 필요하다. 한국 사회에서 아이를 키우는 부모라면 누구나 공감할 것이다. 우리 사회가 어느 정도 경제력을 갖춘 지금, 우리 아이들이 안전하고 건강하게 자랄 미래가 절실하다.

● 좋은이웃 정갑윤입니다

한국외식업 울산중구지부 지부장
변종언

관광은 어디든 먹거리 문화와 연계되어야 한다. 그 고리가 없다면 그저 스쳐가는 관광지일 뿐이다.

코로나19가 전 세계를 뒤덮은 지금, 우리 자영업자들이 그 여파를 온 몸으로 받아내고 있다. 세계적 위기 앞에 우리 모두의 안전을 위해 외출과 모임을 삼가라는 국가의 지침을 따르는 것은 응당 마땅한 일이다. 하지만 코로나19 사태가 장기화되면서 자영업자들의 생계가 가로 막히고 있는 상황은 누가 책임질 수 있을까.

가장 중요한 것은 코로나19가 종식되어 모든 가게들이 정상적으로 영업하는 날이 하루라도 빨리 오는 것이다. 아무리 정부가 지원하고 제한적 영업을 풀어준다 한들 코로나19가 극복되지 않으면 정상화될 수 없다. 사실 사회적 거리두기 단계 격상으로 인한 5인 이상 집합금지 조치가 우리 자영업자들에 주는 타격이 컸다. 지금은 영업시간도 조금 연장되고, 모임 인원의 수도 늘었지만, 한번 받은 타격의 여파가 회복되려면 시간이 걸릴 것으로 보인다.

울산에서 나고 자라 18년이 넘게 식당을 운영하고 있다. 그런데 코로나19로 인한 여파는 이제껏 경험해보지 못한 과정이었다. 경기야 좋았다 안 좋았다 하는 것이지만, 지금은 영업 자체가 안 되는 수준이다. 사람들이 복작거리고 줄 서서 기다리는 점심시간에 한 테이블이라도 차면 다행인 수준이다. 나는 그나마 자가점포이기에 버틸 수 있는 것이지, 임대였다면 절대 못 버텼을 것이다. 문제는 한평생 자영업을 하던 사람에게 포기도 쉽지 않다는 것이다.

모두의 지원과 관심이 필요한 시기다. 시에서도 올해부턴 여러모로 지원을 하려 노력하고 있다. 우리 한국외식업중앙회에선 매년 선진지 견학을 간다. 외지의 선진 사례를 직접 가서 보고 배워오는 것이다. 시와 구 차원에서 각각 한 번씩 가고, 소상공인회에서도 한 번 간다. 그나마도 작년부턴 일체 없어졌다

이밖에 울산 중구가 당면한 주요 현안은 영세 점포에 대한 개선 사업의 진행이다. 중구엔 대략 2500여개의 외식업소가 있다. 이 가운데 60% 정도가 20평 미만짜리 소형업소다. 그 가운데 또 60%가 15평 미만이다. 이런 영세업자들에게 불경기는 특히나 가혹하다.

최근 들어선 시에서도 외식업계에 대한 지원 노력을 시작하고 있다. 2020년 외식업계 지원사업으로 식탁교체하는 비용 11억7000만원을 지원했다. 이는 지금까지 최고 지원수준이다. 그 효과는 매우 높은 것으로 자체 평가하고 있다.요즘 사람들 생활방식에 있어 좌식 탁자는 익숙하긴 하지만 불편하지 않나. 입식개선 사업을 하고 나니

● 좋은이웃 정갑윤입니다

소비자들로부터 반응이 무척 좋았다.

지역경제를 견인하는 중요한 축이 바로 외식산업이다. 소비자 입장에서 어떤 지역에 갔더니 먹거리 문화가 잘 구비되어 있고, 어딜 가도 점포가 위생적이더라는 생각을 하면 자연스럽게 다시 방문할 마음이 생기는 것이다. 밑바닥 경제를 살리려면 매우 중요한 부분이다

울산 태화강이 국가정원으로 지정되고부터 관광산업을 활성화하려고 노력을 많이 하고 있다. 우리 업소들도 열심히 홍보하고 있다. 울산을 찾은 사람들이 이곳에 조금이라도 더 머물고, 한 끼 식사라도 하고 갈 수 있도록 말이다. 관광은 어디든 먹거리 문화와 연계되어야 한다. 그 고리가 없다면 그저 스쳐가는 관광지일 뿐이다.

우리 외식업이 사실상 거대 단체로서 그 지역 경제에서 상당한 비중을 차지해왔다. 그런데 또 경기에 가장 민감한 업종이 외식업이다. 과거 돼지 파동, 비브리오패혈균 파동 등을 겪었지만 당시엔 정부가 지원해줄 수 있는 대책이 확실했기에 피해도 최소화할 수 있었다. 이번에도 어렵겠지만 자영업자들의 피해를 최소화할 수 있는 정책을 펼쳐줬으면 하는 바람이다.

또 중구쪽 외식업 환경을 바꿀 수 있는 지원을 시작해줬으면 하는 바람이다. 마냥 지원만 해달라는 것이 아니다. 업주들도 비용의 일부를 부담할 의지가 있다. 금융과 연계해 저리로 부담을 낮춰줄 수 있는 방안을 마련해준다면 좋겠다.

결국 깨끗한 외식산업이란 이미지가 도시의 경쟁력으로 이어지는 것이다. 도시재생의 개념을 단순히 주거환경 개선에만 국한할 것이 아니라 노후한 영세 점포의 개선으로 확장했으면 좋겠다. 시로서도 가시적 효과를 얻을 수 있는 방안이다.

울산중앙수산주식회사 중도매인조합
(前) 조합장 장순화

어느 사회나 변화는 불가피하다. 정부의 역할은 변화와 혁신의 과정에서 소외되는 집단을 보살피고, 선제적으로 대책을 마련해주는 '길잡이'여야 한다.

정갑윤 부의장을 처음 만난 지도 벌써 20년 세월이 넘었다. 당시 식당을 운영하던 정 부의장이 물건을 떼러 시장에 나오곤 했다. 자주 보다 보니 차도 한 잔 하게 되고, 나이가 비슷하니 자연스럽게 친구 사이가 되었다. 객지에서 만나 깊은 우정을 쌓은 특별한 사이다. 정 부의장은 그때나 지금이나 한결같은 사람이다. 5선 의원까지 지낸 지금도 언제고 편안하게 앉아서 허심탄회하게 이야기를 나눌 수 있는 사이다. 이웃에서 흔히 만날 수 있는 그런 푸근한 사람이다.

44년째 울산에서 수산업 장사를 하고 있다. 장사가 수월했던 적도 없지만 지금처럼 어려웠던 적도 없었다. 옛날엔 울산에서 출하해 나온 농수산물이 도매시장을 거쳐 각

시장에 배분됐다. 그런데 요즘엔 유통과정이 확 짧아졌다. 바다에서 나온 생선이 소비자의 식탁에 가기까지 몇 단계 거치지 않는다. 소비자 입장에서 기존과 같은 수산물을 싼 가격에 구입할 수 있다. 유통의 효율화가 이뤄졌다는 점은 부인하지 않는다. 문제는 그 과정에서 기존 도매상들에 대한 배려가 전혀 없었다는 점이다. 유통과정의 단축으로 나와 같은 중간 도매상들이 설 자리를 한 순간에 잃었다. 도매시장은 손 쓸 틈도 없이 큰 타격을 입었다.

어느 사회나 변화는 불가피하다. 정부의 역할은 변화와 혁신의 과정에서 소외되는 집단을 보살피고, 선제적으로 대책을 마련해주는 '길잡이'여야 한다. '배운 게 도둑질'이라고, 나처럼 평생을 도매상으로 산 사람이 이제 와서 갑자기 다른 일을 하기가 현실적으로 힘들다. 옛날 수산물 도매시장이 한창 활성화됐을 땐 1년 10억원 가까이, 어쩔 땐 그 이상으로 매상을 올렸다. 지금은 2-3억도 근근히 올리는 수준이다. 지역마다 직거래장터가 늘면서 중도매상인이 터 잡을 곳이 사라졌다. 거기에 코로나19 장기화로 어촌 경제 자체가 죽었다. 그나마 있던 일자리마저 사라지고 있다.

이제 남은 꿈이 있다면, 주변 사람들이 잘 되고 함께 오래 사는 것 정도다. 이제 내 세대는 인생의 마지막 시간을 어떻게 보낼 것인지 생각하는 단계다. 후손들을 위해 할 수 있는 역할을 찾는데 의의가 있다.

그런 점에서 우리 지역을 이끌어나갈 일꾼에 대한 염원이 있다. 현안을 잘 알고 지역을 잘 아는 일꾼이 나오길 바라는 맘이다. 나보다, 우리 다음 세대가 살아갈 울산의 미래를 위한 소박한 바람이다. 일출이 아름다운 곳이 낙조도 아름답다. 과거 번영했던 울산의 미래 역시 창대하게 빛나길 바란다. 정치적, 사회적으로 울산을 잘 알고 있는 인재가 다시 한 번 울산의 번영을 위해 우리 시를 이끌어줬으면 좋겠다.

울산은 공업도시라고요?
아뇨, 관광도시랍니다!

모범운전자회 이동우 회장

38년 전 먹고 살기 위해 울산에 왔지만, 가정을 꾸리고 아이를 낳으면서 나의 연고지가 되었다. 어느 새 울산을 누구보다 잘 알고 사랑하게 되었다.

울산을 찾는 외지 사람들에게 택시 기사는 '처음 만나는 울산 사람'이다. 우리 택시 기사들은 민간 홍보대사로서 움직이는 관광안내소 역할을 자처하고 있다. 울산에서 택시 영업을 한 지 올해로 27년째를 맞았는데, 택시 기사가 아니었다면 이렇게 울산 곳곳을 다녀보지도 못 했을 것이다. 38년 전 먹고 살기 위해 울산에 왔지만, 가정을 꾸리고 아이를 낳으면서 나의 연고지가 되었다. 어느 새 울산을 누구보다 잘 알고 사랑하게 되었다.

울산은 처음이라는 외지인을 차에 태우면 반드시 자랑하는 명소가 있다. 2019년 국가정원으로 지정된 태화강 대숲이다. 보기만 해도 눈이 시원해지는 대나무들이 빼곡하게 들어선 대숲은 말 그대로 도심 속 힐링이다. 밤이 되면 아름다운 조명이 켜져 또 다른 분위기가 나온다. 십리대숲 은하수길을 걷다보면 별이 쏟아지는 밤하늘 속을 산책하는 듯한 기분을 느낄 수 있다.

울산이라 하면 그저 공업도시, 공장만 잔뜩 들어선 삭막한 공간처럼 생각하고 오시는 관광객분들이 많다. 울산엔 아름다운 해변, 반구대와 같은 선사시대 유적, 조선시대 유적지 등 역사 문화가 살아있다. 이런 것들이 오히려 의외의 모습으로 다가오며 반전 매력을 안겨 주기도 한다.

택시 기사는 외지인들과 만남의 최전선에 있고, 또 울산 지역민들의 다리로서 움직이는 만큼 가장 빨리 현장 민심을 들을 수 있는 통로다.(정갑윤 부의장은 실제로 택시면허를 소지한 몇 안 되는 정치인이다. 종종 민심탐방을 위해 직접 택시를 모는 '일일기사' 체험을 하시곤 한다.)

요 몇 년 새 택시 손님이 많이 줄었다. 울산을 방문하는 외지인도 줄었다. 경기 자체도 힘들다지만 코로나19의 여파가 컸다. 관광객 자체도 줄고 그나마도 택시나 대중교통을 이용하는 대신 자차를 사용하는 인구가 많아졌다. 국내 관광객은 자동차 이용이 편리한 쪽으로 몰리고 있다.

울산은 도심 내 주차공간이 협소하단 점에서 다소 불리한 여건이다. 국가정원 주변만 해도 울산시민조차 차 댈 곳이 없을 정도다. 국가정원에서 행사가 이뤄지는 날엔 그 일대의 교통이 마비되어 버린다.

도로도 오래된 것들이 많아 폭이 좁다. 마차잡이로 조성된 구시가지가 노후화되면서 도시 경쟁력을 잃어가고 있다. 상권 활성화의 측면에서도 도심의 재정비가 필요한 상황이다.

우리 택시 기사들은 시민들의 안전을 위해 울산시와 협력해 차체에 방역 소독을 실시하는 등 우리의 역할을 다하고자 노력하고 있다. 예전에 비해 상황이 많이 안 좋아진 것은 사실이다. 택시기사들의 봉사로 운영되는 모범운전자회 활동도 영향이 있다. 기존의 회원은 고령화되어 가고 신규회원은 드물다. 한 때 우리 중부서에 330명까지 있었지만, 조직이 분화되고 인원 충원이 제대로 이뤄지지 않으며 규모가 줄었다. '곳간에서 인심 난다'고 경제적 벌이도 힘든 상황에서 봉사활동을 위해 시간을 빼기 어려운 여건이다.

모범운전자회에서 활동하는 회원들이 자유롭게 봉사할 수 있도록 운영에 규제를 완화해줬으면 좋겠다. 비번에 맞춰 봉사를 하자니 생업에 지장을 받지 않으려면 유일하게 쉬는 날 나가서 봉사를 해야 한다. 시민과 시를 위해 교통체증을 해소하기 위해 자발적으로 나가는 것이지만, 택시기사의 자발적 참여에만 기대기엔 개인에게 부담이 크다. 택시기사와 울산시민이 모두 윈-윈할 수 있는 방법을 협의 중이다.

시와 협력해 울산시민 가장 가까이서 움직이는 택시 기사가 되기 위해 방법을 다 할 예정이다. 울산시민 여러분도 우리 택시기사들을 한 식구로, 따뜻한 시선을 바라봐주시면 좋겠다. 더 나은 서비스를 제공하기 위해 노력하겠다.

● 좋은이웃 정갑윤입니다

택배근로자 박성덕 님

하루 빨리 현실적이고 실효성 있는 관련 법을 재정해 택배업을 하는 사람들이 모두 안심하고 일할 수 있길 바란다.

택배업을 처음 시작한 게 2004년이었다. 택배 물량이 매년 늘더니, 지난해 코로나19가 터지고 본격적인 비대면 시대로 접어들며 택배 물량이 폭발적으로 증가했다. 체감하는 물량으론 10년 전과 비교해 2배 이상이다.

여기에 택배회사들이 많아지며 경쟁적으로 택배요금을 인하하거나, 배송시간을 무리하게 단축하는 등 배송경쟁이 심해지고 있다. 내가 처음 택배를 시작할 때와 지금을 단순 비교하자면, 하루 100개만 배송해도 됐던 물량이 지금은 250개는 해야 먹고 살만하다. 택배기사의 하루는 빈 틈이 없다. 아침에 6시에 일어나, 7시부터 하차 작업을 진행한다.

일명 '까대기'라 하는 분류작업 후 11시 전후로 배송을 시작한다. 배송 중간 중간 집하(택배접수)를 수거해 저녁 8시쯤 사무실로 복귀한다. 마지막 물품을 발송하고 업무를 마감한다. 중간에 쉬는 시간을 갖기 어려워 식사는 간단히 트럭 위에서 먹는 경우가 많다. 배송경쟁이 극으로 치달으며 택배기사 과로사 등 비극적 사건도 반복적으로 터져 나오고 있다. 우리는 우리 스스로를 지키기 위해 노조를 만들어 한 목소리를 낼 수밖에 없는 상황에 처했다. 택배기사들은 개별적인 개인사업자로, 오랫동안 노조 설립이 요원했다. 그러나 지난 2017년 고용노동부가 택배기사의 노동조합 설립을 처음으로 인정하며 우리의 근로환경을 개선할 수 있는 물꼬가 터졌다. 택배기사는 그동안 이른바 '특수형태근로종사자(특수고용직)'로 분류돼 사실상 노조 설립이 불가능했다.

택배기사의 근로여건 개선은 사회적 관심도 높고 정부에서도 꾸준히 관심을 보이는 이슈다. 하지만 아직까지 갈 길이 멀다. 어쩔 때는 '상황을 개선할 수 있는 해결방법이 정말 있긴 할까' 의문이 들기도 한다. 택시나 버스 요금처럼 공공성을 띤 요금으로 규정하고, 최하금액을 설정해 경쟁적으로 택배 요금을 내리지 못하게 하는 것만으로도 어느 정도 택배기사의 근로요건을 보장할 수도 있을 것이다.

현재 택배사업은 점조직으로 산발적으로 형성되어 있다. 단일한 조직체계가 없기 때문에 표준 프로세스를 만들기 쉽지 않다. 기준요금을 규정하거나 표준화된 시설 투자를 하기 힘든 상황이다. 그렇다고 한 나라의 구성원으로서 법·제도의 테두리 속에 보호받아야 할 권리를 포기할 순 없다. 더군다나 청년들이 그 테두리 밖에서 경쟁에 떠밀려 '죽음'에 이르고 있다면 말이다.

하루 빨리 현실적이고 실효성 있는 관련 법을 재정해 택배업을 하는 사람들이 모두 안심하고 일할 수 있길 바란다.

● 좋은이웃 정갑윤입니다

울산의 심장, 울산산단과 함께 살아가는 장년근로자

현대자동차 최정우 님

> 울산의 자동차 산업 분야를 말하자면,
> 이미 많이 변했고 지금도 변화하고 있다.
> 결국 기술력이 산업의 주도권을 좌우하는
> 것이다. 울산은 여전히 경쟁력이 있다.

내 고향 울산은 산과 바다가 어우러져 살기 좋은 도시다. 공업도시로 특화되어 발달하다보니 외부적으론 다소 삭막하고 인공적인 이미지가 강하지만, 도심과 공업지대를 벗어나 조금만 나가면 영남알프스와 같은 천혜의 자연 경관을 누릴 수 있는 곳이다.

울산은 종합적인 산업단지다. 지금은 인구가 많이 줄고 자동화·조선·석유화학 등 산업경쟁력도 중국에 밀리고 있지만, 그래도 아직 울산은 산업적으로 경쟁력 있다고 본다.

내가 지난 35년 간 몸 담고 있는 울산의 자동차 산업 분야를 말하자면, 이미 많이 변했고 지금도 변화하고 있다. 경영 윗선에서 세대교체가 이뤄지면서 그 변화의 물결이 아래로 순차적으로 이어지는 것이다. 수소차 분야는 세계 1위 수준이다. 전기차 역시 테슬라 밑을 바짝 추격하며 선두를 유지하고 있다. 기업들도 이곳에서 생산에 대한 투자를 이어가고 있다. 현대차에서도 차종별 생산 라인을 정비하며 산업경쟁력을 제고하고 있다. 자동차 산업의 경쟁력은 결국 그 주변 산업에까지 활력을 불어넣는다.

자동차는 2만여개의 부품이 들어가는 복합체다. 이 산업에서 쌓아올린 노하우가 하루 아침에 시장에 진입했다고 알 수 있는 게 아니다. 자동차 산업의 미래로 꼽히는 전기차 성장의 핵심은 충전의 효율성이다. 아무리 차가 좋아도 충전하는 데 오랜 시간이 걸린다면 결코 상용화될 수 없는 것이다. 현대차에서 새로 나온 전기차 아이오닉5는 배터리를 80% 충전하는데 겨우 15분 정도밖에 안 걸린다고 한다. 결국 기술력이 산업의 주도권을 좌우하는 것이다. 애플이 세계적 IT기업이지만 자동차 산업으로 진출했을 때 현대차의 도움이 필요할 수밖에 없는 부분이 있다.

우리가 모두 앞만 보고 내달리던 시절이 있었다. 먹고 살기 위해, 남부럽지 않은 소득수준을 이루기 위해 밤낮없이 일에만 매진했던 시절이었다. 당시엔 회사 외의 주거환경에 관심을 기울일 여유도, 이유도 없었다.

그렇게 눈부신 산업성과를 이룩했지만, 울산의 문화적 인프라는 경제적 수준에 한참 못 미치는 수준이 되어 버렸다. 교육환경도 마찬가지다. 지금 울산에선 공부를 잘 하는 학생들이 모두 주변 대도시나 서울로 떠나버린다. 더 나은 교육환경을 찾아 떠나는 것이다. 나 역시도 두 아이를 키우고 있다. 유소년스포츠에서 두각을 나타낸 아들의 경우 타지역에 있는 기숙학교를 다니고 있다. 아이의 재능을 조금이라도 더 키워주고자 하는 부모의 입장에서 당연한 선택이고 결과다.

● 좋은이웃 정갑윤입니다

이제는 울산을 '살기 좋은' 여건으로 만들기 위한 이런 문화적, 교육적 측면의 인프라를 보강해야한다. 울산이 단순한 생산기지에서 벗어나 출산에서 은퇴, 죽음에 이르기까지 한 사람의 인생 사이클을 책임질 주거도시로 도약해야 한다. 울산의 미래는 사람이 만들어갈 수 있기 때문이다.

울산공단 야경

울산의 심장, 울산산단과 함께 살아가는 청년근로자

중소기업 서민혁 님

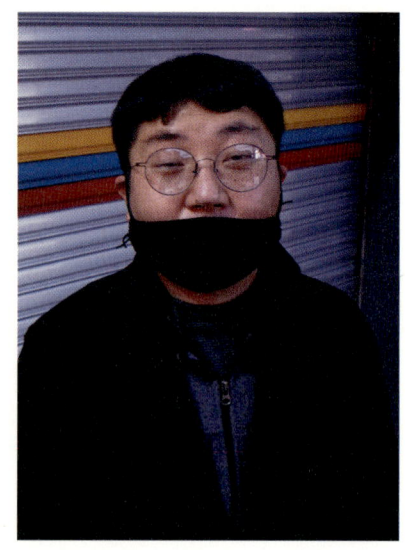

미래를 꿈꾸기 위해선 무엇보다 지금 내가 처한 현실이 안정되어야 한다. 울산의 산업의 미래를 말하려면 그 안에서 일하는 근로자들의 생활을 안정시키는 것이 우선이 되어야 하는 이유다.

나는 울산 토박이다. 울산에서 태어나 자라고, 대학을 나왔다. 첫 직장은 충북에서 가졌지만, 지난 2014년도 다시 울산으로 돌아왔다.

'밖에서 돈도 잘 벌면서 왜 돌아왔냐'고 묻는 사람들도 있다. 하지만 내게는 너무나 당연한 선택이었다. 울산엔 사랑하는 부모님도 계시고, 무엇보다 고향이기 때문에 내가 편안함을 느끼는 곳이기 때문이다.

자동차 관련 중소기업의 관리직으로 근무하며 '워라벨', 일과 개인 여가 생활의 균형이 있는 삶을 살아가고 있다. 크게 잘 나가는 것도, 큰돈을 버는 것도 아니지만, 내

● 좋은이웃 정갑윤입니다

가 원하는 일을 하며 좋아하는 사람들과 시간을 보낼 수 있다는 점에 만족스럽다.

울산 산단 내엔 수많은 중소기업과 거기에 종사하는 근로자들이 존재한다. 통계청에서 가장 최근 조사한 2016년 기준 통계에 따르면, 울산시 제조업 사업체 수는 6891개였다. 제조업 종사자 수는 17만 8000명이다.

문제는 산업의 발전이 반드시 일자리 보장으로 이어지진 않는다는 점이다. 실제로 울산내 자동차, 조선, 화학 등의 관련 사업체 수는 꾸준히 증가하고 있지만, 종사자 수는 2014년 이후 감소하는 추세라고 한다.

미래를 꿈꾸기 위해선 무엇보다 지금 내가 처한 현실이 안정되어야 한다. 울산의 산업의 미래를 말하려면 그 안에서 일하는 근로자들의 생활을 안정시키는 것이 우선이어야 하는 이유다.

울산 근로자들이 모두 안전하고 행복하게 살 수 있는 미래를 꿈꿔본다.

정갑윤!
늘 **울산시민과 함께** 했습니다

태화강국가정원 지정 염원행사

좋은이웃
정갑윤

정갑윤의 영원한 울산 사랑이야기

03 | 시민과 함께 살기좋은 울산을 만드는 시민단체

의료진 여러분이
대한민국의 영웅입니다!

- 울산광역시 의사협회 회장 **변태섭**
- 울산광역시 간호사회 전임 회장 **류말숙**
- 한국노동조합총연맹 울산본부 의장 **이준희**
- 전국노동조합총연맹 위원장 **김병식**
- 울산광역시 여성단체협의회 전임 회장 **염점향**

오늘의 대한민국을 만든
어르신을 응원합니다.

- 대한노인회 울산광역시연합회 회장 **박승열**
- 재울산 대구·경북향우회 상임고문 **박종화**
- 재울산 충청향우회 전임회장 **김종길**
- 재울산 강원도민회 전임회장 **황종석**
- 울산광역시 공장장협의회 회장 **조기홍**
- 장애인총연합회 고문 **정진수**
- 한국사회복지사협회 회장 **오승환**
- 개미봉사회 회장 **김학수**

대한민국을 수호한
6.25 참전용사의
희생을 잊지않겠습니다.

- 6·25 참전유공자회 울산광역시지부 명예회장 **서진익**

어른이 바로서야
후손이 바로선다.

- 효사관학교 교장 **홍순권**

의료진 여러분이 대한민국의 영웅입니다!

울산광역시 의사협회 변태섭 회장

코로나19 바이러스의 종식은 의사의 사명이자 의무다. 울산의 병원들은 코로나19 사태의 빠른 종식을 위해 공공의료를 위한 임무를 다하고 있다.

지난해 코로나19가 발발하면서 의료문제는 각 지역사회의 제 1현안으로 떠올랐다. 물론 예전부터 의료문제는 언제나 중요했지만, 울산광역시 의사협회의 회장직을 수행하는 6년 동안, 지금처럼 일각을 다투는 시급한 과제였던 적은 없었던 것 같다.

울산의 의료는 하드웨어적 측면뿐만 아니라 인적 자원의 측면에서도 여전히 갈 길이 멀다. 훌륭한 의료 인력이 타지역 대도시와 서울로 유출되고 있다. 의료 인력의 유출은 환자의 유출로 이어질 수밖에 없다. 아직까지 환자의 유출이 심한 수준은 아니지만, 지금도 울산 시민들은 큰 병에 걸리면 비행기, 기차를 타고 서울의 대형병원을 찾는다.

● 좋은이웃 정갑윤입니다

빈약한 의료 기반으로 인한 폐해는 결국 시민의 몫이란 점을 이번 코로나19 시국에서도 확인할 수 있었다. 그 단적인 사례가 '전문의'의 부재였다. 현재 우리 울산엔 감염병 전문의가 울산대병원에 딱 한 명 있다. 이번에 그 분이 상당히 고생을 하셨던 것으로 알고 있다.

사실 울산의 경제적 수준은 여타 도시와 비교해 보아도 단연 독보적일 것이라고 자부한다. 하지만 너무 산업 발전에만 매달렸기 때문이었을까. 주거·복지·문화적 인프라는 전국 최하위 수준이다. 그저 먹고 사는 1차적인 문제에만 신경을 썼던 지난날이었다고 생각한다.

이제 울산 사람들도 주변에 눈을 돌리며 주거 환경의 개선에 관심을 키워가고 있다. 과거 슬럼화됐던 태화강 일대도 깨끗하게 정비하고, 조금이라도 나은 환경을 만들기 위해 시와 민간이 모두 팔을 걷어 부치고 있다.

'웰빙(well-being)'의 기본 요건이 질 좋은 의식주라면, 웰빙을 오롯이 누릴 수 있게 하는 것이 바로 높은 건강 수준이다. 수준 높은 도시 문화를 조성하려면 의료 인프라가 받쳐줘야 하는 이유다.

울산 의료계의 난제는 의료계의 화합이 쉽지 않다는 점이다. 그것은 울산이라는 지역적 특성에서 기인하는 바가 크다. 울산 토박이보다 전국 각 시도에서 생계를 위해 울산을 찾은 사람이 많다는 특성이다. 울산의료계도 마찬가지로 지역적 연고가 강한 특정 대학 출신 의사들이 주축이 되어 지역 의료계를 끌어가는 구조가 아니라, 전국 43개 의과대학 출신 의사들이 모여 각자 도생하는 모양새다. 이런 상황에서도 우리 의사협회는 구심점 역할을 수행하며, 우리 울산의 의료 수준을 개선하고 현안을 해결하기 위해 노력하고 있다.

울산 산업이 중흥함에 따라 형성된 인구 집단이기에, 울산 경제의 부침에 따라 의료산업도 영향을 받는다. 이 와중에 코로나19 사태가 터지면서 울산 의료계에 더해지는 부담은 커졌다. 울산에 공공병원이 없다보니 민간병원, 특히 울산대 병원에서 그 업무 하중을 많이 받아내고 있다. 상당수의 민간병원이 자신들이 업을 포기해가면서 공공의료를 위한 임무를 다하고 있다.

코로나19 사태가 발발하며 갑작스럽게 '의료원 설립' 요구하는 일각의 목소리에 또 다시 울산시가 길을 잃고 있는 것처럼 보인다. 울산에 꼭 필요한 의료 인프라인 산재전문 공공병원의 추진이 이뤄지고 있는 시점에서, 모든 것을 미뤄두고 울산의료원 설립을 위한 타당성조사 용역에 착수해버렸다. 시로서는 여론을 무시할 수 없었음이 자명하지만, 의료계와 어떠한 소통도 없이 여론만으로 이토록 중요한 의료 인프라 도입에 대한 결정을 내린 것이 안타까운 일이다.

코로나19 이전 평상시의 각 시도 의료원의 상황을 보면 병상가동률이 70%가 채 안 된다. 혈세로 운영되는 의료원들이 거의 다 적자상태다. 말 그대로 '세금 먹는 하마'로 전락한 상태다. 진주의료원은 이미 만성 적자로 인해 폐쇄한 상태다. 의료원의 경영이 적자가 될 것이 불 보듯 뻔한데 지금 울산의료원을 세운다는 것은 그저 포퓰리즘에 불과할 뿐이다. 끓어오르는 여론을 진화하기 위해 혈세를 낭비할 뿐인 의료원을 짓는 대신, 기존의 의료인프라를 활용할 방안을 생각해야 한다. 이 문제를 원만하게 풀어내는 게 최대의 숙제다.

지금으로서 의료계 최우선 과제는 코로나19 종식이다. 바이러스의 종식은 의사의 사명이자 의무다. 이를 위해 우리 의사협회도 울산시와 MOU를 맺고 예방접종에 모든 인력을 투입하기로 약속했다. 차질 없는 접종을 위해 인력도 모두 구비해뒀다.

● 좋은이웃 정갑윤입니다

모두가 어려운 상황이다. 타 시도의 선례를 봐가며 현명하게 문제를 풀어내가야 하는 지혜가 필요하다. 정책결정 라인에 있는 분들이 정파적 당리당략에 휘둘리지 않고 서로 조금씩 양보하는 모습을 보일 때다. 무엇보다 비판보단 대안이 필요한 시점이다. 울산시는 그래도 타 지역에 비해 잘 해나가고 있다고 생각한다. 앞으로도 시민의 복지와 건강을 위하는 일에서만큼은 한 마음 한 뜻으로 의견을 내주셨으면 하는 바람일 뿐이다. '백지장도 맞들면 낫다'고, 모여서 힘을 실으면 어려운 문제도 조금은 수월하게 풀어갈 수 있을 테니 말이다.

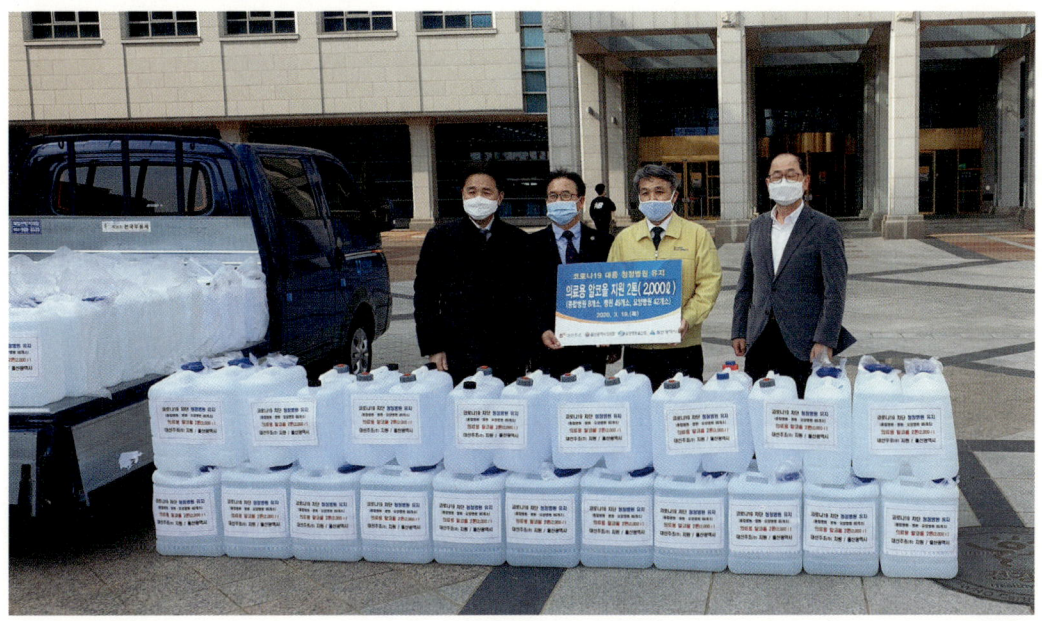

울산광역시 의사협회 알코올 전달식 / 사진제공 : 울산광역시 의사협회

의료진 여러분이
대한민국의 영웅입니다!

울산광역시 간호사회
류말숙 전임 회장

간호사는 생명을 다루는 직업이다. 간호사를 포함한 의료계 종사자들에 대한 존중이 우리 사회의 의료 인프라 향상의 첫 걸음임을 잊지 말아달라.

국회부의장실에서 정갑윤 당시 부의장과 함께 선 류말숙 울산광역시간호사회 전임 회장

매일 아침 8시 10분이면 병원에 도착한다. 지난 밤 환자의 동향을 체크한 뒤 응급환자를 점검한다. 환경연구원에서 보내온 코로나19 검사를 받아 양성환자가 나오면 병원을 폐쇄하고 접촉자를 분리하는 등의 응급조치를 취한다. 이어지는 각층 병동 회진과 틈틈이 병원 밖 코로나19 선별진료소 상태 점검 등으로 나의 하루가 꽉 채워진다. 울산엔 국립병원이 없어 민간병원에서 코로나19 대응을 도맡아 하고 있다. 지금은 확진자 증가 추세가 다소 안정돼 병원 운영이 평시와 가깝게 돌아가고 있지만 처음 코로나19가 터졌을 땐 관련대응 총 책임자로서 새벽 출근과 야근을 일삼았다. 그나마

● 좋은이웃 정갑윤입니다

정시에 출근하게 된 것도 다행인 요즘이다.

어릴 적 부친께서 큰 사고를 당하시고 오랜 기간 병상 신세를 지셨다. 그때 중학생이었던 내 눈에 들어온 직업군이 바로 간호사였다. 환자 곁에 가장 가까이 머물며 실질적 도움을 주는 간호사란 직업에 매료되어 1980년도부터 간호사 세계에 입문했다.

울산지역엔 간호대학이 많지 않다. 때문에 우리 지역에서 배출되는 간호사가 많지 않아 인력 수급에 늘 어려움을 겪는다. 타지에서 울산으로 끌어오기란 쉽지 않은데 설상가상으로 울산에서 배출되는 간호사가 타지로 빠져나가고 있다. 지역 공공보건의료 영역에 양질의 간호사 인력을 공급할 수 있는 공중보건간호사제도가 서서히 도입되고 있긴 하지만, 지역에서 간호사 면허 딴 사람이 지역의료계에 봉사하는 게 운영면에서나 인프라 구축면에서나 가장 효율적이다.

하지만 현실은 녹록치 않다. 서울보다 임금을 더 많이 준다고 해도 이들을 울산으로 끌어오기가 쉽지 않다. 결국 울산이란 도시가 얼마나 살기 좋고 머물기 좋냐에 달린 문제인 셈이다.

병원 차원에선 간호사의 처우를 개선하고 질 좋은 업무 여건을 만들기 위해 꾸준히 개선하고 있다. 우리 병원(울산 시티병원)의 경우 침실(침대)수를 기준으로 1등급을 유지하고 있다. 좋은 인재를 유치하기 위해서도 꾸준히 투자한다. 질 좋은 간호 서비스를 제공하기 위해 경영진과 소통한다. 이렇게 업무환경을 개선할 수 있었던 데엔 울산시 최초로 통합병동을 만들어, 간호사와 조무사의 업무를 명확하게 구체화한 의료법 일부 개정이 주효했다. 그 과정에서 정갑윤 당시 국회부의장님의 역할이 컸다.

간호사들은 교육과 재교육을 거듭하며 시민들에게 더 나은 서비스를 제공하기 위해 노력하고 있다. 하지만 때때로 우리를 힘들게 하는 것들이 있다. 노동 강도 대비 낮은

경로당 봉사 / 사진제공 : 울산광역시 간호사회

임금이나 복지수준, 이런 것보다 더 아픈 것이 바로 간호사들을 향한 시민(환자)들의 '폭력성'이다.

때때로 간호사들은 현장에서 환자들의 언어적·물리적 폭력에 그대로 노출된다. 진료서비스에 불만을 가진 이들이 간호사를 위협하기도 하고, 마치 가사도우미처럼 간호사들을 부리는 입원환자들도 있다. 입에 담기 어려운 심한 욕을 듣는 경우도 다반사다. 의사한텐 아무 말도 못 하면서 자기보다 어린 간호사에게 막말하고 주먹질까지 하는 경우도 많이 봤다.

● 좋은이웃 정갑윤입니다

일선의 간호사들은 환자를 위해 의료서비스를 제공하는 전문 인력들이다. 그런데 간호사를 마치 서비스업 종사자처럼 대하며 함부로 대하는 태도들. 이런 몰상식함이 실제로 대부분의 간호사들로 하여금 현장에 회의를 품고 떠나게 만든다.

'내가 간호대학에서 4년간 전문지식을 쌓으며 노력해온 세월에 대한 보상이 이런 막말뿐인가' 란 생각에 자존감이 떨어지는 신입 간호사들이 많다. 차라리 연차가 조금 쌓이면 감정 소모가 덜하건만, 간호대학을 막 졸업한 신규 졸업생의 가슴에 평생 지우지 못한 상처로 남고 만다. 그리고 이것 역시 의료 서비스의 품질 저하로 이어진다. 간호사를 향한 몰상식함이 환자 스스로에게 비수로 돌아온다.

간호사는 생명을 다루는 직업이다. 간호사 스스로의 직업적 프라이드도 더욱 고취되어야겠지만 이들을 대하는 환자의 의식 역시 개선되어야 한다. 간호사를 포함한 의료계 종사자들에 대한 존중이 우리 사회의 의료 인프라 향상의 첫 걸음임을 잊지 말아달라.

더불어 여전히 끝나지 않은 코로나19와 힘겨운 싸움을 이어가고 있는 모든 의료진 분들께 깊은 감사와 존경의 마음을 전한다.

한국노동조합총연맹 울산본부
이준희 의장

한국 최고의 산업도시 울산은 '대한민국 노사관계의 바로미터'이기도 하다. 지역의 노사정이 함께 머리를 맞대 울산의 미래를 고민하고 산업과 고용 변화에 적극 대응해 나가야 할 것이다.

울산은 공업도시로서 한국 경제에 크게 이바지해왔다. 불철주야 가리지 않고 일해 온 근로자들의 숨은 노력이 있었기에 가능했다. 울산이 국가공업지구로 지정된 것이 1962년이다. 한국노총 울산본부(당시 한국노총 울산지구협의회)는 이로부터 5년 뒤인 1967년에 설립되었다. 그러니까 울산의 산업발전과 경제발전에는 우리 노동자들과 조합원들의 땀과 노력이 함께하지 않았나 생각한다.

한국노총 울산본부는 그동안 노동자들의 열악한 노동권익을 향상시키고 고용일자리를 지켜내기 위한 힘든 투쟁의 과정을 거쳐 왔다. 동시에 합리적 노사관계와 노사민

정 거버넌스 활동으로 노사경쟁력 확보 및 지역의 경제·노동현안 해결에 적극 나섰다. 노동과 지역과 함께하는 노동운동의 사회적 책임을 강화하는데 그 역할을 했다고 자부한다.

특히 산재노동자들의 제대로 된 치료와 재활, 빠른 현장 복귀를 위해 2003년도 조합원과 시민 5만여명의 서명으로 시작된 울산산재병원 설립운동이 2020년 울산산재전문 공공병원 설립으로 결실을 맺은 것이 대표적 성과다.

울산의 대표적 주력산업인 자동차·조선·석유화학이 2016년 이후 침체를 이어가고 있으며, 엎친 데 덮친 격으로 2020년 코로나19로 울산의 산업경제는 직격탄을 맞고 있다. 울산의 수출 실적을 보면 2011년도 1015억달러 달성이후 2020년 570억원으로 거의 반토막이 나 버렸으며, 이에 따른 고용불안에 대한 우려가 높다.

고용상황의 경우 코로나19로 인해 2021년 1월 실업율이 6.1%로 외환위기 이후 사상 최고치를 기록하고 있다. 제조업을 중심으로 일자리가 급격히 감소하고 있는 상황이다.

인구의 감소도 심각한 문제다. 울산의 인구가 2015년 119만 9717명으로 정점을 찍은 이후 2020년 115만6467명으로 5년 연속 감소하고, 특히 청년들의 인구 유출이 심각한 상황으로 치닫고 있다. 더욱이 1962년 국가공업지구 지정이후 울산에 일자리를 찾아온 많은 노동자들이 베이비부머세대(17만8000여명)다. 이들이 최근 몇년전부터 본격적인 은퇴를 시작하면서 이들 세대의 은퇴나 퇴직이후 일자리 및 정주 여건 인프라가 부족할 경우 울산을 떠나는 인구는 계속 증가할 것으로 우려된다.

울산의 미래를 담보하기 위해, 우선 기존 울산의 전통 주력산업의 지속적인 성장과 일자리를 유지시켜 나갈 수 있도록 고부가가치 선략 및 고용유지 전략 마련이 시급히 요구된다. 울산의 주력산업에 대처하는 수소, 에너지산업 등 신산업 육성은 물론 사회적 경제조직 활성화를 통한 일자리창출 등에 발빠르게 대응해야 할 것으로 보인다. 이 과정에서 지역의 노사정이 함께 머리를 맞대면서 울산의 미래를 고민하고 산업과 고용 변화에 적극 대응해 나가야 할 것이다.

울산은 명실상부 전국 최대의 산업도시이자 노동도시다. 혹자는 '대한민국 노사관계의 바로미터'라고 말하기도 한다. 따라서 울산의 지방정부 단체장이나 시군구의원, 국회의원 들이 정책을 만들고 집행할 때 산업의 가치만큼이나 노동에 대한 가치와 철학을 제대로 인식하고 책임감 있게 움직여야 한다. 현장과 함께, 현장의 목소리를 제대로 들을 수 있는 정치인이 필요한 시대다.

지난 2017년 '울산항 서민경제 일자리 대책 간담회'에 정갑윤 당시 자유한국당 울산시당위원장, 한국노총 울산본부 이준희 의장 등 관계자들이 참석했다. / 사진제공 : 한국노총 울산본부

전국노동조합총연맹 김병식 위원장

결국 중요한 것은 균형이고, 핵심은 상생이다. 하루 빨리 노사가 상생하고, 일자리 창출할 수 있는 선순환구조가 마련되어야 한다.

대한민국 산업1번지 울산의 발전은 대한민국 산업사와 궤를 같이 해왔다고 해도 과언이 아니다. 오늘날 우리 한국이 이룩한 눈부신 산업 발전 뒤엔 무수히 많은 근로자들의 피와 눈물이 있었다. 지난 2015년 설립된 전국노총은 비록 단체로서의 역사는 짧지만, 그보다 긴 노동의 역사 속에 시민들과 호흡해왔다.

경제가 전반적으로 어려울 때엔 나라의 살림살이 중 힘들지 않은 구석이 어느 하나 없을 것이다. 기업들이 아무리 힘들다고는 해도, 노동자만큼 힘들까 싶다. 있는 사람은 그래도 먹고 살 길이 있지만, 없는 사람은 일자리를 구하는 것부터 하늘의 별 따기다. 몸이 성한데 불러주는 곳이 없어 길 위를 헤매는 사람이 수두룩하다.

이런 상황인데도 정치권에서 보여주는 고용 안정을 위한 노력은 그저 수박 겉핥기에 그치는 경우가 많다. 청년수당이니, 실업급여니 비슷비슷한 정책을 우후죽순 내놓았지만, 모두 단편적·일시적 '숫자 올리기'에 불과한 정책들 뿐이다.

일자리 창출 등을 명목으로 공무원을 증원한다고 하는데, 장기적 안목으로 보았을 때 국민의 세금으로 월급을 줘야 하는 공무원을 늘리는 게 무슨 의미가 있는가.

여전히 많은 정치인들이 선거 때만 되면 이룰 수 없는 일회성 공약을 남발한다. 그 가운데 물론 정갑윤 전 부의장님처럼 사람들의 말에 귀기울이는 분들도 있다. 국회에서 만날 때나 밖에서 만날 때나 한결같은 자세를 유지하며 사소한 이야기까지 챙기는 정 부의장님의 모습이 인상 깊었던 것은, 오늘날 대다수의 정치인들이 그렇지 않음을 방증한다.

유권자들은 현명하다. 한번은 믿어줄 수 있지만 두 번, 세 번은 속지 않는다. 현장의 소리를 귀담아 듣고 깊이 고민해 실천할 수 있는 공약을 내걸어야한다.

지금 우리 울산 경제에, 또 한국 경제에 시급한 문제는 우리나라 경제의 근간을 이루는 공업, 산업 현장에 활기를 불어넣는 일이다.

기업 투자를 활성화해 일자리를 창출해야 한다. 그런데 나라가 기업의 목을 틀어쥐면서 엉뚱한 곳에 일자리를 만들겠다 하는 꼴이다. 우리나라처럼 기업활동의 자유도가 떨어지는 나라도 없다. 잘못했다 하면 사업주가 구속되어 버린다.

노동도 중요하다. 노동자의 일할 권리는 기본적인 전제다. 그렇다고 기업을 너무 압박하면 안 된다. 노동자 입장에서 이렇게 말을 하는 것은, 결국 기업이 살아야 노동자도 살 수 있기 때문이다. 노사는 상생하는 관계이기 때문이다.

● 좋은이웃 정갑윤입니다

공장이 문을 닫으면 결국 실업자가 되는 건 노동자 쪽이다. 고임금도 좋지만 그것이 물가 상승을 유발하고, 임금 상승분이 하청업체의 부담으로 이어지는 지금의 방식은 결코 이롭지 않다. 결국 중요한 것은 균형이고, 핵심은 상생이다. 하루 빨리 노사가 상생하고, 일자리를 창출할 수 있는 선순환구조가 마련되어야 한다.

과거 노동운동, 노동조합이라고 하면 투쟁 일변도였다. 하지만 시대가 변했고, 사람이 변했다. 지금은 그렇게 해선 성공적인 노동운동을 할 수 없다. 노동운동의 선진국인 미국의 경우만 봐도 노사 간 공동 발전을 위해 서로 손 잡고 협력하는 일이 주류가 되었다. 무조건적인 투쟁보단 실질적으로 기업과 협력할 방법을 찾아야 한다. '곳간에서 인심난다'고 회사에 이윤이 남으면 노동자에게 돌아가게 되어 있다. 물론 여기엔 기업과 노동자 간 탄탄한 신뢰 관계 위에 모든 기업활동이 이뤄진다는 전제가 깔려 있다.

이제 노동은 경영을 배우고, 경영은 노동을 이해하는 시대여야 한다. 불필요한 갈등은 비효율적 비용을 초래할 뿐이다.

울산 경제가 많이 힘들어졌다. 전국 최고 수준의 경제 도시였던 시절은 과거의 일일 뿐이다. 지역 기업을 유치하기 어렵다면 적어도 외부로 기업과 인력이 유출되는 일은 없어야 하지 않을까. 결국 정책결정자의 비전과 철학이 울산의 미래를 판가름할 것이다. 무엇보다 울산이 노동자가 돌아오는 도시가 되길 바란다. 가족을 먹여 살리기 위해 가족을 떠나 다른 도시로 일하러 가고 싶은 가장이 누가 있을까. 정든 고향을 등지고 가고 싶은 사람이 누가 있을까. 울산에 머물며 충분한 생산활동을 유지할 수 있도록 많은 분들의 노력과 고민이 필요하다.

울산광역시 여성단체협의회
염점향 전임 회장

정말 많은 여성들이 노년까지 활동을 하는 시대가 되었다. 아이를 낳고 육아에 전념했다가도 일자리로 복귀하는 여성이 많다. 여성들은 필요한 역할을 해내며 지역사회에 봉사하고 있다.

2020년은 누구도 예상하지 못한 한 해였다. 바이러스는 모두를 혼란 속으로 빠트렸다. 우리나라 국민들도 갑작스러운 사태에 닥쳐 경제적 불안감에 떨어야 했다.

이럴 때일수록 여성단체협의회와 같은 지역봉사단체가 할 일이 많아진다. 코로나19 사태 초반 마스크 대란이 일어났을 때 일선 약국들에 회원을 파견해 눈덩이처럼 불어난 업무처리를 지원했다. 약국 앞에 줄 서서 1인 2장의 마스크를 구매하도록 상황을 정리하고, 나이가 들어 컴퓨터 프로그램을 다루는 데 익숙하지 않은 일부 약사님들을 도왔다. 마스크를 구입하기 힘든 사회 취약계층에 성금 기부도 이어갔다.

● 좋은이웃 정갑윤입니다

우리 여성단체협의회는 여성끼리 모여 정보를 교류하고, 여성의 역량 강화를 도모하고자 설립되었다. 울산시의 활동에 봉사로서 협조하며 상호 간 협력, 여성복지 증진을 통해 지역사회 발전에 기여할 목적이다. 나아가 양성평등 문화를 확산시키고 여성이 필요로 하는 모든 것들을 지원하고자 한다. 아동 폭력, 여성 폭력 등 사회적 취약계층에 대한 폭력을 근절하고자 관련 캠페인도 벌이며, 그밖에 각종 시 행사에서 여성관련 지원을 하고 있다. 그것이 무엇이든 필요한 역할을 해내며 지역사회에 봉사하고 있다.

울산은 과거에 비하면 여성들의 사회적 지위가 많이 개선되었다. 예전엔 직장 내 그리고 가정에서의 여성 차별이 상당했지만, 지금은 많이 달라졌다. 예전엔 여성 공무원이 출산휴가를 가면 무조건 최하위 업무평가를 받고 진급에서 누락되는 일이 비일비재했다고 한다. 그러나 최근엔 출산휴가를 간 여성공무원에게 오히려 뛰어난 평가를 주는 등 아이를 낳고 기르는 것에 대해 높은 사회적 대우가 이뤄진다고 들었다.

울산은 살기 좋은 도시다. 코로나19 발병 전 해외여행을 다녀봤지만 대한민국은 굉장히 살기 좋은 나라다. 그 가운데 울산은 특히 여유롭게 삶을 즐기기에 딱이다. 도심 한가운데를 흐르는 태화강과, 그 주변의 국가정원은 공업도시 이미지가 강했던 울산에 친환경 이미지를 더해주었다. 많은 시민들이 국가정원을 찾아 여가를 즐기고 있다.

도심에서 20분 정도만 차를 타고 나가면 큰 산과 바다가 있다. 울산시 밖으로 나가기 위한 도로 인프라도 잘 갖춰져 있다. 문화·의료 인프라는 상대적으로 빈약하지만 차차 개선해나갈 부분이다.

60세가 넘은 내가 여전히 활발한 사회활동을 하고 있듯, 정말 많은 여성들이 노년까지 활동을 하는 시대가 되었다. 아이를 낳고 육아에 전념했다가도 일자리로 복귀하는 여성이 많다. 한 가지 안타까운 점은 젊은 여성들이 사회봉사활동 단체에서 활동하는 수가 점점 줄어드는 것이다. 대부분 지역 봉사활동이 평일 낮에 이뤄지기 때문에 참여가 어려운 점도 있다. 맞벌이를 하지 않으면 어려운 요즘, 근무시간을 빼서 봉사활동을 하는 것은 부담스러운 일이다.

봉사활동단체에 대한 사회적 인식이나, 공식적 지원이 부재한 것도 청년층 참여도가 저조한 데 기여한다. 관변단체가 아닌 경우 별도의 국가 지원을 받기 힘든 실정이다. 지역단체에 대한 포괄적 지원 혜택을 확장해나갔으면 하는 바람이다.

요즘 사람들이 점점 더 정치에 관심이 많아진다고 한다. 정치는 우리 삶에 밀접하게 영향을 주는 행위다. 민주주의 시민이 정치에 관심을 갖고 선거 참여 등 정치적 행위를 하는 것은 당연한 의무이자 권리다. 정치를 하는 분들도 거대한 국가 의정활동도 중요하지만 지역 현안에도 좀 더 관심을 갖고 들여다 봐주셨으면 좋겠다.

백세 시대다. 몸이 건강하다면 나이를 먹고도 무엇이든 할 수 있다. 실제로 예전이라면 봉사를 받아야할 분들이 봉사를 하고 있다. 울산시민, 특히 청년층도 지역사회에 대한 봉사활동에 큰 관심을 가져주길 바란다. 지역사회에서 시민의 권리를 주장하기에 앞서 자신은 의무를 다했는지 되짚어보는 기회를 한번쯤 가져보길 바란다.

● 좋은이웃 정갑윤입니다

오늘의 대한민국을 만든
어르신을 응원합니다

대한노인회 울산광역시연합회
박승열 회장

대한노인회는 시민사회 속 보이지 않는 안전장치 역할을 수행한다. 경로당 활성화와 노인들의 활발한 지역봉사는 자연스럽게 지역의 소외된 구성원들에 대한 지속적인 관심과 돌봄으로 이어진다.

노인 인구가 빠르게 늘고 있다. 울산도 예외가 아니다. 울산시 인구조사에 따르면 울산지역 65세 이상 노인인구는 지난해 9월 기준 14만1741명으로 전체 인구 113만9368명의 12.4%를 차지했다. 2018년부터 매년 1%씩 증가한 것이다.

노인을 위한 복지 수준이 증가하는 노인 인구의 속도를 따라가지 못하고 있다. 노인 활동 단체 중 가장 큰 조직인 대한노인회 울산연합회는 3만3000여명의 회원을 갖추고 있다. 보유하고 있는 네트워킹도 탄탄하다. 대한노인회는 '중앙회-시도별 연합회-구군별 지회-분회-경로당' 과 같이 지역별·단계별로 조직화되어 있다. 각 단계의 조직이

하부 조직을 이끌며 사실상 시민사회 속 보이지 않는 안전장치 역할을 한다. 정부와 지자체의 손길이 미처 닿지 못한 사회 구석구석 들여다보는 공동체 네트워크다.

사단법인으로 운영되는 대한노인회는 법정단체가 아니다. 이런 이유로 그 운영에 상당한 제약이 있다. 법정단체가 아니다보니 국가의 직접 지원 예산이 없고, 지자체에서 예산 사정에 따라 경로당 운영을 위해 최소한의 급식제공, 냉난방비, 가스·전기료, 통신료, 기본운영비 등을 지원하고 있다. 조직을 관리하는 연합회, 지회, 분회 등은 지자체에서 약간의 운영비를 지원하는데 의존하다보니 조직 관리 운영 주체가 많은 어려움을 겪고 있다.

그렇다고 특별한 혜택을 보는 것이 아니다. 일부 지회에선 목욕탕 입욕권 할인 등 지역사회에 봉사하는 노인회 회원들을 위한 혜택을 마련하고 있지만, 정부나 지자체 차원에서 지원을 받는 경우는 거의 없다. 운영상 신규투자를 하기도 쉽지 않다. 우리나라 만 65세 이상의 국민이라면 누구나 회원이 될 수 있지만, 회원으로 가입할 만한 강력한 유인책이 없는 셈이다.

경로당에 대한 사회적 인식도 우리가 신규회원을 모집하는데 어려움을 겪는 이유다. '경로당엔 나이 많은 사람만 간다'는 생각이 만연한 것 같다. 노년이 되어 새로운 것을 배우고자 할 때 경로당보단 사회복지관에 가야 배울 수 있다는 생각도 그렇다. 사회복지관 쪽으로 노인 수요가 많이 이동하고 있는 것이 사실이다. 사회복지관은 법정단체로 되어 있다 보니 인력·행정 등 여러 가지 면에서 국가의 지원을 받는다. 시설과 콘텐츠에 대한 투자 및 재투자가 가능한 구조다. 노인 인구를 위한 다양한 프로그램을 갖출 수 있으니, 자연스럽게 그쪽으로 노인 인구가 몰린다.

대한노인회의 각 조직들의 효율적 운영은 지역사회의 커뮤니티와 매우 밀접하게 맞물

● 좋은이웃 정갑윤입니다

려 돌아간다. 지역에 안배된 구성원들이 어떤 역할을 어떻게 수행하느냐에 따라 지역사회의 활기가 달라지는 것은 당연한 이치다. 경로당 활성화와 노인들의 활발한 지역봉사는 자연스럽게 지역의 소외된 구성원들에 대한 지속적인 관심과 돌봄으로 이어진다. 별도의 공을 들이거나 서비스를 사용하지 않아도 깨끗하고 안전한 동네를 만들 수 있다. 울산시가 노인단체 회원들의 권익신장과 복지증진을 위해 행정적·정책적 지원을 신설·확장해 나갈 이유다. 현재 당면한 한계를 극복하고 지역사회에의 공헌을 확대하기 위해선 반드시 국가의 예산을 지원받는 법정단체로의 전환이 이뤄져야 한다. 국가의 역할은 국민의 보호에 있다. 노년이 되어 곁에 남은 가족이 없거나, 혼자가 되어 위험한 상황에 놓인 분들이 많다. 이런 노인 인구가 소속감을 느끼고, 지역사회에서 봉사할 수 있는 기회를 마련해줘야 한다. 노인까지 행복한 나라가 진정한 복지국가다.

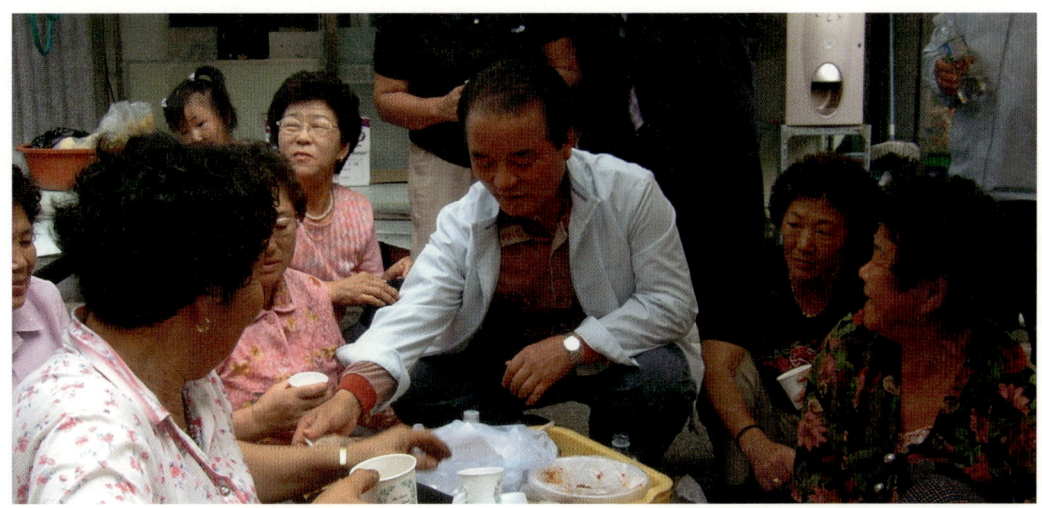

지역 어르신들을 찾은 정갑윤 부의장

재울산 대구·경북향우회
박종화 상임고문

우리 울산 1세대들은 울산을 위해 훌륭한 인재들이 양성될 수 있도록 노력하고 있다. 자녀들을 울산의 인재로 키워내는 것이야 말로 지역에 할 수 있는 가장 큰 기여다.

울산은 다른 지역에 비해 외지인의 비율이 높다. 우리 재울산 대구·경북향우회는 울산지역에서 가장 큰 규모의 향우회 조직이다. 대구·경북인이 37만 명에 달하니, 12만 울산인구의 3분의 1에 준한다.

우리 향우회는 4월 총회, 봄·가을 공동 산행, 연말 송년회 등 정기적인 대규모 행사와 울산 및 인근 지역 원로 정치인, 고위급 임원들과 친목 행사를 가지며 지역민 간 단합과 화합을 도모해오고 있다.

특히 이슈가 터질 때마다 고향 돕기 운동에 나서며 사회 공헌 활동을 이어가고 있다. 지난해 대구 지역이 코로나19로 어려움을 겪고 있을 때 향우회에서 성금을 전달하고,

● 좋은이웃 정갑윤입니다

각 시군별 회장이 23개 경북 시·군에 마스크를 전달하기도 했다. 이밖에 다양한 불우이웃 돕기 활동도 하며 소외된 이웃을 위해 힘쓰고 있다.

향우회는 고향과 고향을 떠나 삶의 터를 잡은 제2의 고향 모두의 발전과 안녕을 위해 조직되고 운영된다. 우리 대구·경북 향우회는 2003년 처음 만들어진 이래 오랜 숙원 사업이었던 회관을 지난해에 마침내 마련하는 성과를 이뤘다. 최근엔 사단법인 등기까지 마치며 다음의 행보를 위한 도약의 발판을 마련했다.

먹고 살기 위해 울산을 찾은 우리가 울산 1세대라면, 우리의 자녀들이 울산 2세대라고 할 수 있다. 울산 2세대에게 울산은 더 이상 객지가 아니라 고향이다.

그럼에도 울산 2세대가 부모의 고향을 잊지 말아야 하는 이유는, 그것이 뿌리이고 나를 구성하는 원천이기 때문이다. 부모를 대하는 마음으로 고향을 생각하고, 힘든 시기에 그 근원을 그리며 위기를 헤쳐나갈 동력을 얻을 수 있다. '본(本)'으로서 고향이 중요한 것은 결국 풍파 속에서 단단히 뿌리를 내려 흔들리지 않기 위함이다.

우리 부모 세대로서는 우리 자손들이 살아갈 울산을 더욱 풍요롭고 안전하게 만들기 위해 노력해야 한다. 울산을 위해 훌륭한 인재들이 양성될 수 있도록 노력하고 있다. 자녀들을 울산의 인재로 키워내는 것이야말로 지역에 할 수 있는 가장 큰 기여라고 본다.

과거 울산엔 유독 외지인들에게 배타적인 분위기가 강했던 시절이 있었다. 이런 분위기가 요즘엔 정말 많이 달라졌지만, 여전히 '울산 지역에서 큰 인물이 되려면 울산 출신이 아니면 안 된다'는 의식이 남아 있는 곳도 있다. 울산시민과 외지인 모두 울산의 현재를 만들어가는 하나의 '울산시민'으로서 서로 보듬고 끌어주는 그런 사회가 되었으면 한다. 나와는 벌써 40년지기인 정갑윤 부의장이 그런 울산을 만들어갈 수 있을 것이라 믿어 의심치 않는다.

재울산 충청향우회 김종길 전임회장

울산은 우리 부모세대의 고향은 아니지만 우리 2세들의 고향이다. 부모 세대가 억척스럽게 일하며 닦고 씨를 뿌린 삶의 터전 위에 이제 우리 자손 세대가 꽃을 피우고 과실을 맺을 시간이다.

울산은 다른 도시에 비해 일찍부터 산업화가 이뤄지면서 타지 사람들이 많이 들어와 살게 되었다. 충청, 호남, 대구·경북, 강원, 제주 5개도 출신의 인구가 울산 전체 인구의 80%를 차지한다고 할 정도다. 그렇다보니 자연스럽게 향우회가 잘 조직되어 있는 지역이다.

재울 충청향우회는 충남 14개, 충북 10개로 총 24개 시군이 모여 이뤄져 있다. 매년 가을이면 도민들이 한 데 어우려져 단합하는 '한마음 축제'를 벌이는데, 가장 큰 연례 행사다. 16만 회원 가족들이 모여 체육대회를 하고 서로 정보 교류도 하며 애향심

● 좋은이웃 정갑윤입니다

을 돈독히 하는 시간을 갖는다.

여타 향우회와 같이 단합 산행대회, 향우회 내 소모임으로 산악회, 상공회, 백제회(골프), 여성회, 청년회 등 12개 정도가 운영되고 있다. 이들 모임이 늘 주기적으로 만나며 중앙 향우회와 밀접하게 교류하고 있다. 충청도 특산물의 울산지역 판매 촉진을 위한 내 고향농산물판매장터도 운영하고 있으며, 향우인에 대한 장학사업도 운영해오고 있다.

우리 향우회 역시 고향 충청도와 울산지역의 상생과 공동번영을 목표로 한다. 초기엔 고향이 같은 사람들이 객지에서 '한번 잘 살아보자'는 마음으로 단결하기 위해 향우회를 조직해 운영했다면, 요즘의 향우회는 '울산이 살아야 나도 살고 우리 고향도 산다'는 마음으로 울산지역 사회의 일원으로서 소속감과 책임감을 다하고 있다.

울산은 우리 부모세대의 고향은 아니지만 우리 2세들의 고향으로 그들의 새로운 뿌리가 된 지역이다. 부모 세대가 억척스럽게 일하며 닦고 씨를 뿌린 삶의 터전 위에 이제 우리 자손 세대가 꽃을 피우고 과실을 맺을 시간이다.

성공적인 공동 발전과 우리 후손들의 밝은 미래를 위해, '하나로서의 울산'이란 인식이 필요하다. 울산이 다른 지역에 비해 지방색이 적다고 하지만, 타지 사람들이 많아 그런지 오히려 단일한 시민의식으로 화합하는 모습을 찾아보기 어려운 점도 있었다. 울산의 미래를 위해, 또 각자의 고향을 위해 서로 소통하고 화합할 수 있는 장이 생기길 염원해본다. 그 시너지 효과는 엄청날 것이다. 침체에 빠진 울산경제에 새로운 전기를 마련해줄 수 있을 것이라 생각한다. 정갑윤 부의장처럼 울산에 대한 사랑이 확고하면서도 포용력이 큰 사람이 어려운 일을 해낼 수 있을 것이라 기대해본다.

이제 외지인들에게도 울산은 제2의 고향이다. 부모세대들이 마지막 사업이라 생각하고 지역 간 통합을 일궈낸다면, 울산시에 새로운 역사가 이뤄지지 않을까.

재울산 강원도민회 황종석 전임회장

우리 향우회는 '강원도와 울산의 공동발전'이라는 목적 아래 운영되어 오고 있다. 제 2의 고향에서의 성공과 발전이 곧 고향 발전의 밑거름이 된다는 생각이다.

강원도와 울산은 '故정주영 회장'이란 큰 인물로 연결되어 있다. 강원도가 고향이신 고 정주영 회장께선 울산에 대한민국 산업화의 근간을 마련하며 한국 현대사에 크나큰 족적을 남기신 분이다. 깊은 인연만큼 강원도민의 울산 정주의 역사는 길다.

울산엔 13만명 가량의 강원도 향우들이 살고 있다. 강원도는 춘천시를 포함해 모두 18개 시군으로 이뤄져 있는데, 울산지역이 전국에서 유일하게 18개 시군 조직이 형성되어 있는 곳이다. 또한 전국에 있는 47개 향우회 가운데 재울산 강원도민회가 가장 조직적으로 움직이는 곳이라고 자부한다.

● 좋은이웃 정갑윤입니다

울산 지자체와 손잡고 강원도 청정지역의 농수산물의 울산지역 판매를 촉진하는 행사를 진행하고, 강원 산간벽지의 학생들을 초청해 매년 산업단지 견학을 시키는 프로그램도 진행하고 있다. 우리 미래를 이끌어갈 학생들이 꿈과 희망 안고 자랄 수 있도록 가교 역할을 하고 있다. 가장 많은 수의 강원 향우가 한 번에 모이는 강원도민체육대회도 열린다. 최근 코로나19 상황으로 인해 성사되지 못 했지만 매년 가을이면 태화강 고수부지에서 수천 명이 모여 단합대회를 벌인다.

우리 향우회는 '강원도와 울산의 공동발전' 이라는 목적 아래 운영되어 오고 있다. 비록 고향을 떠나와 살고 있지만 우리가 제2의 고향으로 정착한 울산 발전 위해 노력하자는 게 기본 방침이다. 제 2의 고향에서의 성공과 발전이 곧 고향 발전의 밑거름이 된다는 생각이다. 1977년에 처음 고향을 떠나 발을 내디딘 곳이 울산이다. 태어난 곳은 강원도지만, 울산에서 보낸 시간이 더 많다. 울산의 발전이 곧 고향 발전의 디딤돌인 셈이다. 현직에 있는 사람으로서 현실에 충실하는 게 고향 발전의 첫 걸음이다.

그렇게 열심히 울산에서의 활동을 하며 좋은 인연을 많이 만났다. 정갑윤 부의장도 그런 분이다. 2011년 울산 국회의원 중 유일하게 예결위에 계셨던 분이었다. 당시 강원도에서 평창동계올림픽 앞두고 예산이 절실한 시점이었다. 강원도의 일이지만 울산시민으로서 부의장님을 찾아뵙고 동계올림픽의 긴밀성을 설명드렸다. 부의장님께선 마치 자신의 일처럼 사안을 챙기고. 적소에 필요 예산을 할당하는 등 평창 동계올림픽의 성공적 개최에 큰 기여를 해주셨다. 그때의 고마움을 결코 잊지 못 할 것이다. 늘 느끼는 것이지만 그는 누구보다 울산을 사랑하는 정치인이다. 따뜻하고 온화하지만 대의 앞에 결단을 내릴 줄도 아는 그런 사람이다. 그가 앞으로도 울산 지역을 위해 많은 일을 해주시리라 믿는다.

울산광역시 공장장협의회 조기홍 회장

산업단지와 울산 시민들 상호간에 윈-윈 할 수 있는 일을 지속적 발전적으로 추진해야한다. 산단내 사고 발생시 신속한 공동 대응, 좋은 일자리 창출 등이 공장장협의회의 역할이라 생각한다.

울산광역시공장장협의회는 울산 지역을 대표하는 석유화학단지, 용연용잠단지, 여천단지, 온산 단지, 외투기업 공장장 협의회를 연합 총괄하는 공장장 협의체이다. 울산공단 산업단지의 발전을 위해 상호간 소통하고 협력하는 것이 이 단체의 설립 목적이다.
최근 우리 협의회 최대 현안은 RUPI 라 부르는 '울산석유화학산업 발전 로드맵' 이다. 울산의 석유화학단지들은 그동안 필요시마다 개별 회사에 필요한 부분만 갖추어 설립하고 운영해 왔기 때문에 최근의 패러다임인 클러스터화에는 취약함을 드러내 왔다. 이에 따라 울산시는 오랜기간 동안 준비해왔던 '울산 석유화학산업 로드맵

● 좋은이웃 정갑윤입니다

(RUPI · Roadmap project for Ulsan Petrochemical Industry)'을 지난해에 완성했다. RUPI 사업에는 산업단지 경쟁력 강화를 위한 인프라 확충, 산단 고도화, 산단 리모델링 등 8대 분야 100대 액션플랜이 들어있다. 우선 4개 단지간 원료, 제품, 에너지, 스팀 등을 실어 나르는 통합 파이프랙(PIPERACK) 구축사업이 중추를 이루고 있다. 이를 통해 단지 전체의 스팀 밸런스를 잡아 수요·공급업체를 연결하는 통합 스팀 네트워크 구축사업, 하절기 납사 사용업체에 가격 비교 우위의 LPG원료 공급사업, 정유공장에서 발생하는 황화수소를 비철금속 제련공장에 공급하는 융합사업 등이 추진된다. 이 밖에 이산화탄소 소재(그린폴) 단지 조성사업, 석유화학단지의 태양광, LED 보급사업, 석유화학 물류단지 조성, 지하배관 통합 관리시스템 구축, 전력 이중화 안전망 구축 등의 사업들이 망라돼 있다.

RUPI는 정유-정유, 정유-석유화학, 석유화학-석유화학 기업간 협력을 강화하고 에너지사용량과 CO_2배출량은 최소화하면서 기업생산성은 극대화한다. 세계 최고의 경쟁력을 확보하는 것이 이 사업의 최종 목표라고 할 수 있다.

또 하나의 공동현안은 폐기물 매립장 부지 선정이다. 산업폐기물을 처리하는 데 드는 비용이 과거에 비해 3배 이상 증가했고 그마저도 부지가 없어 타 지역으로 보내 처리하는 관계로 비용은 지속적으로 증가하게 되었다.

산업활동을 하면서 폐기물이 안 나올 순 없다. 나온 폐기물을 그대로 쌓아둘 수도 없다. 이 모든 것이 비용이기 때문에, 폐기물 처리 방안이 마련되지 않는다면 공장은 문을 닫을 수밖에 없다. 문제는 폐기물 처리 사업 자체가 이권 산업이고 환경 문제와 밀접하게 연계되어 있다 보니 풀기 쉽지 않은 문제다. 시에서도 해결점을 찾기 위해 각고의 노력을 기울이고 있는 것으로 알고 있지만, 여전히 그 해결이 난망하다.

일단 울산 내 부지 선정부터 난항을 겪고 있다. 이런 일일수록 이권단체를 배제하고 순수하게 공동의 업무로 진행해야 한다. 서울 난지도나 이웃 국가인 일본의 바다를 매립한 사례등을 참고해 조속히 부지 선정을 마무리 해야 한다. 첫 단추를 꿰어야 다음 단계로 진입할 수 있다.

코로나19 정국이 장기화되면서 물류 역시 그 직격탄을 맞고 있다. LA·롱비치항의 코로나19발 정체 현상이 더 악화하면서 운송비용이 큰 폭으로 뛰고 배송기간도 예전보다 2배 이상 길어졌다. 물건이 제때 도착하지 않으면서 피해가 이만저만이 아니다. 급등한 운송비용에다 물류 병목현상으로 컨테이너선이 미국에 도착하는 기간도 두 배 이상 길어져 그야말로 삼중고에 시달리고 있다. 업계 관계자들에 따르면 화물선이 미국까지 오는 기간, LA항에 도착한 화물선에서 물건이 부두에 하역하는 데까지 걸리는 기간, LA항에서 수입 소매업체로 운송되는 기간 모두 두 배 이상 증가한 게 물류 적체의 원인이라고 한다. LA항만노동자들 중 코로나19 관련 휴직자 증가도 항만 정체 현상을 악화시키는 한 요인으로 지목된다. 물류 적체 현상으로 인해 타이밍이 생명인 공장이 아슬아슬하게 돌아가는 상황이 벌써 일 년째 이어지고 있다. 물류의 안정성을 담보하려면 원부원료의 재고를 늘려 완충을 해야 하는데, 이것이 결국 생산 라인으로 부담을 돌리는 셈이 된다. 국경도, 성역도 없는 바이러스 앞에 물류도 정체되어 버리고 말았다.

울산은 우리나라 산업수도라 한다. 글로벌한 시각에서 봤을 때도 울산의 인프라 구성은 훌륭한 수준이다. 거대한 산업단지 바로 옆에 바다가 있어 해상운송이 즉각 이뤄진다. 한 가지 단점이라면 부지가 부족하다는 점이다. 부지 확충 문제가 울산 지역 산업의 성장을 저해하는 요인 중 하나다. 하지만 이 부분은 임야에 부지를 확충하거나 산업의 방향을 4차산업으로 돌리는 것으로 어느 정도 보완할 수 있다. 전반적으로, 울산은 올라운드 플레이 할 수 있는 여건이 조성되어 있다.

석유화학 산업 종사자로서 한 가지 아쉬운 점이 있다면, 이 산업을 바라보는 시민들의 시선이다. 시민들이 '석유화학'이라고 하면 공해유발, 반(反)환경 등 부정적 이미지를 먼저 떠올린다.

그런데 우리가 일상생활에서 사용하는 제품의 80%가 화학제품이다. 현대인은 화학제품 없인 살 수 없다. 그렇다고 석유화학 산업을 무조건 옹호해달라는 것이 아니다. 석유화학 산업은 과거 환경 파괴적 행보를 벗어나 '책임 있는 기업'으로 거듭나기 위해 각고의 노력을 다 하고 있다. 제품이 태어나 소멸할 때까지 전 과정에 있어 환경에 대한 책임감을 느끼고, 이 부분의 안전성을 시민들과 지역 주민에게 알리기 위해 홍보도 하고자 한다.

이미 외국계 기업들은 이웃한 공장들과는 관련 정보 공유와 인식 개선 프로그램을 실천하고 있다. 미국이나 독일의 사례를 보면 기업들이 주민들과 주기적으로 간담회를 열어 중요한 정보를 공유하고, 지역에 장학금도 조성하는 등 지역사회에 환원을 하기 위한 활동을 적극적으로 한다.

울산은 산단 자체가 주거 지역과 멀리 떨어져 있어 주민들과의 간담회 등의 행사는 하지 않지만, 산단 내 기업들이 이익금을 지역민들에게 환원 차원에서 기부를 많이 하고 있다.

앞으로도 산단과 울산 시민들이 서로 도울 수 있는 일이 있으면 적극 돕는 관계를 이어갔으면 좋겠다. 위기나 사고 발생시 공동 대응하는 훈련도 필요하다. 지금으로선 무엇보다 코로나19가 빨리 안정되어 모든 것이 제자리로 돌아가길 바랄뿐이다.

● 좋은이웃 정갑윤입니다

장애인총연합회 정진수 고문

장애의 문제가 모두의 일인 이유는 미래의 불확실성 때문이다. 누구에게나 장애가 생길 수 있다. 이를 예방하는 것이 무엇보다 중요하지만, 장애가 생긴 이후에 어떻게 살아갈 것인가 하는 문제도 매우 중요하다.

울산시 등록된 장애인 인구가 5만명 이상이다. 울산이 1997년 광역시로 승격됨과 동시에 생긴 장애인총연합회는 장애인 인구의 복지와 인권 신장을 대표하는 기관이다. 울산시 장애인총연합회 산하엔 장애 유형별로 시각·지체·농아인·지적발달장애·신장·뇌병변 등 6개 단체가 있다.

우리의 사업목적은 장애인들이 동등한 시민의 한 사람으로서 활동할 수 있게 하는 것이다. 예전보다 많이 좋아졌지만 일반인들 사이엔 여전히 장애와 비장애에 대한 편견과 선입견이 있다. 장애인총연합회는 초등학교에서의 시민인식 개선 프로그램 등을 운영하며 장애인에 대한 올바른 개념을 공유하고자 한다. 장애인의 부족한 부분을 도와주고, 그들이 비장애인과 다름없는 사회 구성원이라는 공동체의식을 가질 수 있도록 노력한다.

각종 사고·재해의 위험이 곳곳에 도사리고 있는 현대사회에서 후천적 장애인의 비중이 늘고 있다. '장애인-비장애인'이 아니라 '장애인-예비장애인'이란 말도 있을 정도다. 장애의 문제가 모두의 일인 이유는 미래의 불확실성 때문이다. 오늘 비장애인이었던 사람이 내일도 비장애인이라는 법은 없다. 산재로 인한 장애는 언제든 생길 수 있다. 이를 예방하는 것이 무엇보다 중요하지만, 장애가 생긴 이후에 어떻게 살아갈 것인가 문제도 매우 중요하다.

고령화로 인한 장애도 많다. 교통사고나 산업재해 뿐만 아니라 질병 후유증으로 인한 장애의 위험도 크다. 건장한 성인들을 기준으로 만들어진 각종 시설을 이용하기에 불편함이 따른다. 장애인을 위한 편의시설은 노인인구들의 편의를 위해서도 중요하다. 장애인에게 편한 것은 모두에게 편안한 것이다. 일반 시민들 또 공무원들은 장애인편의시설이 장애인만을 위한 것이라 생각하지만, 사실 모두를 의한 편의시설인 셈이다. 주사용자의 기준이 일반인이냐, 장애인이냐만 다를 뿐이다. 예를 들어, 공중시설에 설치한 경사로를 보자. 평시엔 장애인들의 이용 편의를 위한 것이지만, 사고가 발생했을 때 많은 인원이 일시에 빠져나가기 쉬운 측면도 있다. 설비 하나를 하더라도 장애인뿐만 아니라 비장애를 가진 일반 시민들의 편의성까지 고려한다면 상호간 혜택을 누릴 수도 있다.

장애인총연합회는 울산시에 두 개의 장애인체육관을 운영하고 있다. 남구에 위치한 장애인체육관(1체육관)과 중구의 제2장애인체육관이다. 1체육관엔 평균 하루 550

명, 2체육관엔 800명 이상이 찾는다. 대다수의 장애인이 뇌병변 후유증 장애인이다. 장애인총연합회가 단합된 목소리를 내며 장애인 복지를 위해 뛴 결과다. 시민들의 이해와 울산시청의 적극적인 협조가 있었음은 물론이다.

장애인은 우리 사회 취약계층이다. 장애인 스스로가 목소리를 내지 않으면 사회적 안전망을 확보할 수 없다. 목마른 사람이 우물 판다고, 가만히 앉아서 우리의 권익이 향상되길 바랄 수는 없다. 장애인총연합회가 사회활동에 적극적으로 참여하고 움직이는 것은 이 때문이다.

울산시는 여타지역에 비해 사회복지 분야에 비교적 많은 신경을 쓰고 있다. 우리 단체도 적극적인 협력을 다하고 있다. 나 역시 지난 2012년부터 시 행정 영역에 직접 뛰어 들었다. 당시 울산시청에 장애인 복지과가 없었다. 우리 단체의 설득으로 복지과가 생겨난 뒤 장애인 체육회 등 주요행사가 이뤄지면서 울산시 장애인의 위상이 올라갔다고 본다.

사회 활동에 참여하는 장애인을 보는 시민들의 시각도 많이 달라졌다. 장애인도 일반인 못지않게 성실하고, 최선을 다해 일하는 사회의 구성원이란 인식이 어느 정도 생겼다.

여전히 일부 몰지각한 시민은 장애인을 바라볼 때 편견을 가득 담는다. 이런 부분도 우리 모두의 노력에 따라 빠르게 달라질 수 있다. 장애인에 대한 인식개선 시민교육이 필요한 이유다. 앞으로도 민과 관 모든 영역에서 장애-비장애를 뛰어넘는 협력이 이뤄지길 바래본다.

한국사회복지사협회 오승환 회장

새로운 도시발전으로의 방향 전환이 필요한 시점이다. 무엇보다 시민이 행복한 울산을 만들기 위해 경제중심의 정책에서 벗어나 사람이 행복하게 살 수 있는 도시를 만드는 정책으로 전환이 필요하다.

인간은 사회적 동물로서 혼자서 존재할 수 없다. 사회연대는 우리 공동체가 존재하기 위한 가장 기본적인 덕목이다. 타인과 함께 생활하기 위해서는 가장 기본적으로 타인에 대한 관심이 필요하고, 이러한 관심이 바로 사회연대로 나타난다.

특별히 한국사회는 이러한 사회연대의 전통이 지금까지 잘 유지되고 있는 국가다. 이러한 사회연대의 정신이 계속적으로 존재할 때 우리사회의 건강성이 유지되고 지속적으로 발전할 수 있을 것이다. 시민들이 이러한 사회연대를 발전시키기 위해서 자원봉사활동에 대한 참여, 이웃에 대한 관심 등에 지속적으로 참여하는 것이 필요하다.

● 좋은이웃 정갑윤입니다

한국사회복지사협회는 사회복지사업법 제46조에 의해 설립된 단체로 사회복지사로 구성된 단체다. 국민 복지향상을 위해 사회복지에 대한 전문지식과 기술을 개발·보급하고, 사회복지사의 자질향상을 위한 교육훈련 및 사회복지사의 복지증진을 도모하는 것을 목적으로 하고 있다.

1967년에 설립된 우리 협회는 사회복지사 자격발급과 보수교육 그리고 사회복지사 전문성 향상을 위한 다양한 업무를 수행하고 있다. 현재 전국의 사회복지사 자격발급자는 120만명에 이르고 있다.

사회복지사는 전문가로서 다양한 분야에서 어려운 국민들이 행복한 삶을 누릴 수 있도록 지원하고 있다. 그러나 사회복지사에 대한 처우는 아직도 전문가의 수준에 미치지 못하고 있다. 사회복지사 처우법에 따르면 사회복지사의 처우는 사회복지공무원 수준에 도달하도록 되어있지만 아직도 공무원수준의 처우에 도달하지 못한 것이 현실이다. 더 나아가 사회복지사가 근무하는 영역 즉 보건복지부, 여성가족부, 보훈처 등 소속에 따라 급여 차이가 나고 있고, 소규모시설에 종사하는 사회복지사일수록 처우가 열악하다. 이러한 사회복지사들의 처우를 개선하는 것이 가장 중요한 현안이다.

두 번째 현안은 사회복지사 자격 취득이 너무 쉽게 이루어지고 있다. 전 세계적으로 사회복지사의 자격취득이 쉬운 나라중의 하나다. 너무 쉬운 자격취득은 국민의 삶을 지원하는 전문가로서의 전문성을 낮추는 요인이 되고 있다. 따라서 국가자격증으로서 국민의 삶을 책임지는 전문가로서 자격의 전문성을 높이는 방안이 필요하다.

사회복지사는 국민들의 행복한 삶을 살아갈 수 있도록 도와주는 전문가다. 따라서 사회복지사의 가장 기본적인 소명은 가장 어려운 사람들의 삶이 행복해질수 있도록 우리 사회에서 잘 지원하는 정책을 만드는 것에서 출발한다. 이런 출발점에서 시작하여 모든 국민의 인간다운 삶을 누릴 수 있는 국가, 행복하게 생활할 수 있도록 지원하는 정책을 실현하는 국가 즉 복지국가로의 발전을 추구하는 것이 사회복지사로서의 소명이다.

더 나은 복지국가로 발전하려면 사회복지사의 처우 개선이 가장 우선적으로 이루어질 필요가 있다. 보건복지부나 여성가족부 등 소속에 상관없이 유사한 업무를 수행하고 있는 사회복지사들은 동일한 기준을 적용받을 수 있도록 지원하는 것이 필요하다. 이를 위해서는 울산시 사회복지사들이 동일한 급여를 받을 수 있도록 울산형 사회복지사 단일임금체계 도입이 필요하다. 이미 서울과 제주, 부산과 인천에서 단일임금체계 도입이 실시되고 있다. 울산에서도 사회복지사가 행복한 삶을 누릴 수 있을 때 사회복지사가 돌보는 국민들의 행복도 함께 높아질 것으로 기대한다.

울산은 그동안 산업수도로서의 역할을 잘 수행해왔다. 그러나 이제는 새로운 도시발전으로의 방향 전환이 필요한 시점이다. 무엇보다 시민이 행복한 울산을 만들기 위해 경제중심의 정책에서 벗어나 사람이 행복하게 살 수 있는 도시를 만드는 정책으로 전환이 필요하다. 아동에서부터 노인까지 행복하게 살 수 있는 도시 울산을 만들기 위해 사람중심적인 정책으로의 전환이 무엇보다 필요한 시점이라고 생각한다.

● 좋은이웃 정갑윤입니다

개미봉사회 김학수 회장

"당장 나 먹고 살기도 바쁜데 무슨 봉사냐"고 말하기도 한다. 그럼에도 불구하고 우리가 봉사를 꾸준히 하는 이유는 울산시민들에게 받은 도움을 보답하기 위해서다.

"지역 봉사를 꾸준히 이어오는 이유요? 글쎄요. 워낙 당연히 해온 거라…."
울산지역에서 크고 작은 봉사활동을 해온 개미봉사회의 역사가 올해로 40여년 가까이 되었다. 전두환 정권 시절 만들어져 지금까지 100명 안팎의 회원들과 울산 지역 내 도움이 필요한 곳을 찾아다니며 손을 보탰다. 우리 회원들은 태화강 쓰레기 줍기, 태화시장에서 물난리가 났을 때 성금 후원 및 일손 보태기 등 활동을 했다.
나를 비롯한 대다수의 회원들이 외지인으로, 울산은 제2의 고향이다. 풍족하게 사는 사람도 있지만 대부분 매일매일 살아갈 걱정을 하는 소시민들이다. 어떤 이는 "당장

나 먹고 살 일도 바쁜데 무슨 봉사냐"고 말하기도 한다. 그럼에도 불구하고 우리가 봉사를 꾸준히 하는 이유는 울산시민들에게 받은 도움에 보답하기 위해서다.

울산에 거주하면서 울산 시민들의 도움으로 살아가는 우리들이다. 해마다 봉사활동을 통해 조금이나마 보답하고자 한다. 아무리 살기 힘들다 해도 나보다 더 어려운 상황에 처한 이웃을 도울 여력은 있다. 긴급 재난 상황에 처한 이웃이나 가족이 없이 혼자 살아가는 어르신들을 돌보는 일이라면 누구나 할 수 있는 일이다. 단지 그 마음이다.

봉사활동을 꾸준히 하는데 어려움이 많다. 비영리단체로서 지니는 현실적 제약들도 많다. 회원들끼리 십시일반 힘을 모아 어렵게 운영하고 있다. 다행히 정갑윤 부의장님을 포함해 울산시청 관계자 여러분들이 연말이면 성금 기부도 해주시고, 후원도 잊지 않으셨다. 지역경제 상황 자체가 많이 나쁘지만 지금까지 해왔듯, 지금처럼만 살아갈 수 있길 바란다.

우리 회원들이 나이가 들어가며 신규 회원 충원에도 어려움을 겪고 있다. 제일 어린 회원이 50대다. 60-70대 회원이 가장 많다. 코로나19로 인해 모임 자체를 못 하는 환경도 하루 빨리 종식되었으면 좋겠다.

코로나19 때문에 다들 어려운 상황이다. 이런 상황 속에서도 매일 매일 열심히 살아가는 울산시민들이 참으로 존경스럽다. 우리 개미봉사회 회원들은 앞으로도 지역에 애정을 가지고, 울산시민들과 더불어 좋은 지역사회를 가꾸어 가도록 노력하겠다.

● 좋은이웃 정갑윤입니다

대한민국을 수호한 6·25 참전용사의 희생을 잊지않겠습니다.

6·25 참전유공자회 울산광역시지부
서진익 명예회장

한 나라의 안보역량은 국민의 호국 보훈 정신과 직결돼있다. 미래세대에게 우리 선열들이 어떻게 나라를 지키고 발전시켜 왔는가를 깨닫도록 교육하는 것이야말로 튼튼한 안보의 첫 걸음이다.

신채호 선생은 "역사를 잊은 민족에게 미래는 없다"고 했다. 지난 역사를 제대로 알고 선열들의 나라사랑 정신을 체득한다면 국난(國難)을 슬기롭게 헤쳐나갈 수 있다. 이를 위해 무엇보다 국민 보훈 교육이 중요하다.

6·25전쟁에서 국가와 민족을 지키기 위해 목숨을 다해 싸우고 돌아온 참전용사들에 대한 관리와 복지가 그 첫걸음이 될 수 있다. 울산시는 지난 2012년 보훈회관을 설립했다. 내가 보훈단체의 회장으로 있으면서 그때까지만 해도 뿔뿔이 흩어져 있던 보훈단체들을 정비했다. 참전군인들을 한 데 모아 울산지역 경제 발전에 이바지하기 위함

이었다.

더불어 우리 노병들이 소속감을 느끼며 말년을 편안히 보낼 수 있도록 하기 위함이다. 대부분의 참전용사들의 나이가 90대다. 이들이 몸이 아파 입원하면 우리 단체에서 찾아 위문도 하고, 돌아가시면 장례도 치러드린다. 당신의 젊은 시절 국가와 민족을 위해 한 헌신을 잊지 않고자 고별사를 전하며 명예롭게 보내드리는 일도 하고 있다.

보훈단체에 소속한 회원들이 차례로 세상을 떠나며 운영상 어려움에 직면하고 있다. 우리 단체에 소속한 참전용사들의 수는 이제 1000명도 채 되지 않는다. 참전용사 개인이 사망을 한다고 그들이 우리 나라를 위해 세운 참전의 공로가 희석되어선 안 된다. 참전군인 당사자가 돌아가시면 그 직계가족이 그 지위를 이어받는 등 제도적 장치가 마련되어야 하는 것이 가장 큰 과제다.

국가와 민족을 위해 가장 젊은 시절의 시간을 바친 어르신에게 후세가 해야할 도리란 것이 있다. 무엇보다 그 숭고한 정신을 잊지 말아야 한다. 이 정신을 길이 기억해갈 수 있는 프로그램이 필요하다. 정갑윤 부의장을 포함해 울산의 정치인들이 챙겨야 할 사안이다.

한 나라의 안보역량은 국민의 호국 보훈정신과 직결돼있다. 세계 유일의 분단국가로서 한반도 안보위기는 여전히 국민의 안전을 위협하고 있다. 국난을 직접 겪지 않은 세대에게 우리 선열들이 어떻게 나라를 지키고 발전시켜 왔는가를 깨닫도록 교육하는 것이야말로 튼튼한 안보의 첫 걸음이다.

참전용사에 대한 실질적 혜택도 중요하지만, 따뜻한 사회적 예우를 갖추는 것이 우선이다. 우리나라 역사와 국난 극복 세대에 대한 미래세대들의 이해가 깊어진다면 세대 간 갈등 문제도 상당 부분 봉합할 수 있다.

● 좋은이웃 정갑윤입니다

어른이 바로서야 후손이 바로선다.

효사관학교 홍순권 교장

역사에서 교훈을 얻지 못한 민족은 불행한 역사를 반복한다고 한다. 어른이 먼저 바로 서야 후손이 바로 선다. 미래세대에 안전한 대한민국을 전해주기 위해 우리 어른 세대가 먼저 공부하고 손 내밀어야 할 것이다.

우리나라가 정치적 · 경제적 성공은 이뤘다는데 이견을 달 사람은 없을 것이다. 하지만 빠른 성공의 속도에 맞춰 시민의식이 성장했다고 보기엔 부족한 면이 많다.
효사관학교를 만든 것은 선진국에 걸맞은 시민의식을 함양하고자 함이다. 모두가 잘 살고, 모두가 행복하기 위해서다. 국민의 소득수준은 높아졌지만 빈익빈 부익부가 커지고, 경제 성장에 가장 큰 역할을 한 노인 세대가 빈곤과 학대에 시달리고 있다. 급속한 경제 성장이 부른 모순이라고 볼 수 있다.
증가하는 반인륜적 패륜범죄와 잔혹범죄는 결국 어른 세대가 자라나는 청소년 세대에 인성교육을 소홀히 했기 때문이다. 결국 우리 사회의 그림자는 어른들의 책임으로 인한 것이다. 늦었지만 솔선수범해 효를 행하고, 미래세대에 그 중요성을 가르칠 책무가 있다.

효사관학교의 교육대상은 부모다. 자식들로부터 공경을 받는 훌륭한 어른세대가 되기 위한 교육 프로그램을 운영한다. 어른부터 솔선수범해 효가 뭔지 깨닫고 자기계발을 통해 자녀 세대와의 소통의 능력을 기르자는 것이다. 강의를 듣고, 토의와 발표를 하고 졸업까지 한다. 효사관학교를 졸업하면 '효 지도사'라는 민간자격을 부여해, 이들 중 추가적인 지도자 교육을 거친 이들이 유치원, 초중고등학교에 나가 청소년들에게 효와 예절을 직접 교육한다. 재작년까지 16개지역에서 1561명의 효 지도사를 배출했고, 매년 1만5000명 정도가 유치원, 초등학교 등지에 나가 예절 및 효 교육을 실시한다.

역사에서 교훈을 얻지 못한 민족은 불행한 역사를 반복한다고 한다. 어른이 먼저 바로 서야 후손이 바로 선다. 미래세대에 안전한 대한민국을 전해주기 위해 우리 어른세대가 먼저 공부하고 손 내밀어야 할 것이다.

● 좋은이웃 정갑윤입니다

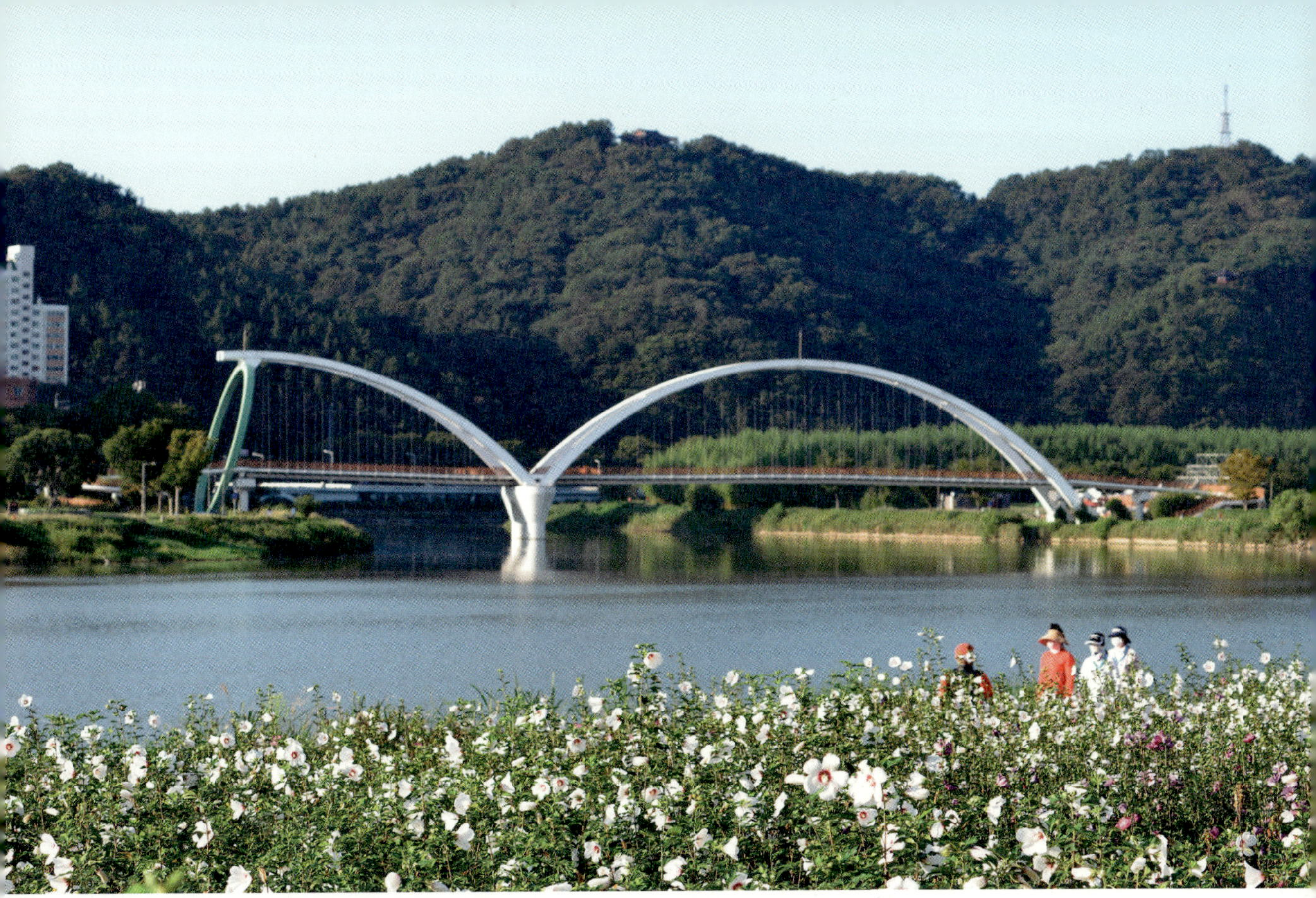

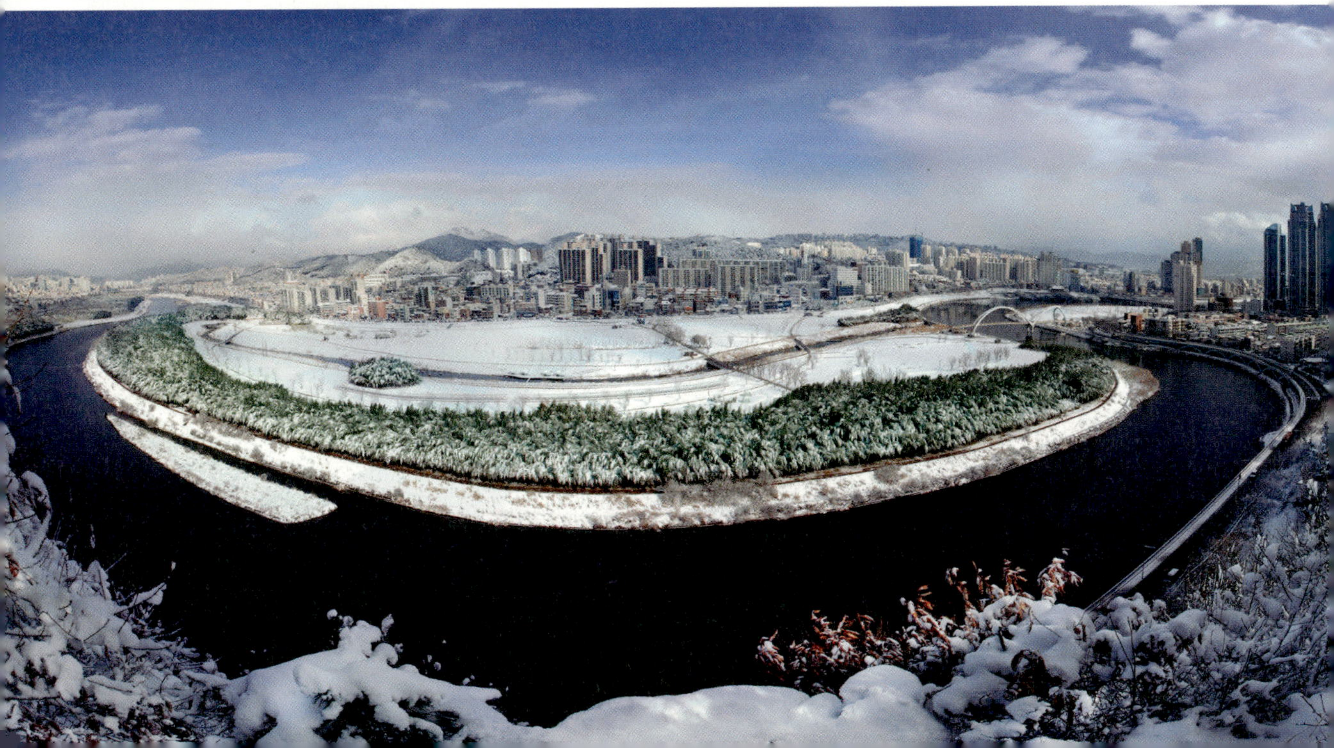

좋은이웃 정갑윤

정갑윤의 영원한 울산 사랑이야기

04 | 더 낮은 곳을 섬기는 정갑윤의 진심

타인의 나눔에 감사할 줄 알고
나 또한 기꺼이 나눌 줄 아는 삶이
행복한 삶이다.

- ▶ 해남사 **혜원 주지스님**
- ▶ 태화교회 **양성태** 담임목사님
- ▶ 울산광역시 장애인종합복지관 **인상현** 관장
  (천주교 부산교구 신부님)

- ▶ **나눔은 희망이다**
  - 고액 기부자 모임 '아너 소사이어티'에 가입하다
  - 가난한 유년기의 경험을 평생나눔의 밑거름으로 삼다
  - 국회의원 10년간 매달 세비 10%를 기부하다
  - 사랑의 장기기증·각막기증 서약을 맺다
  - 나눔 문화 확신을 위해 다양한 입법활동을 이어가다

해남사 혜원 주지스님

코로나19로 모두 힘들고 어렵지만, 이럴 때일수록 울산의 저력이 빛을 발할 순간이다. 나보다 더 어려운 사람을 생각하고 배려하며 또 한 걸음 나아가봄이 어떨까.

울산 해남사에서 운영하는 경로식당 '수자타의 집'은 매주 월요일부터 토요일까지 오전 11시에 배식을 시작한다. 코로나19 전까지만 해도 매일 300여 명의 지역 내 독거 어르신들이 이곳을 찾아 식사를 했다.

1911년 설립되어 울산 시민들과 동고동락해온 해남사는 본래 취지부터 국민을 위한 헌신이었다. 1910년 경술국치를 거치며 경상남도 통도사는 전국 33개 포교당을 지었다. 국민을 계몽해 나라를 재건해야겠다는 일념이었다. 해남사는 지역 계몽과 포교의 일환으로 설립된 절이었다.

1997년 1월 문을 연 수자타의 집은 처음에는 해남사 앞에 위치한 작은 공간에서 시

● 좋은이웃 정갑윤입니다

경상일보 2011/08/08

어르신들 편안한 식사공간 '수자타의 집' 확장

▲ 울산시 중구 해남사에서 운영하는 무료급식소 '수자타의 집' 확장 개소식이 2일 열렸다.

"어르신, 이제는 편히 앉아 기다리세요."

울산시 중구 북정동 해남사(주지 만초)에서 운영하는 무료급식소 '수자타의 집' 확장 개소식이 2일 열렸다.

개소식에는 정갑윤 국회의원, 박성민 중구청장, 박태완 중구의회 의장, 구의원, 주민 등 150여명이 참석해 선행을 베풀고 있는 급식소의 확장을 축하했다.

작했다. 17평 작은 시설에 주방기구와 탁자, 의자가 놓였고 5명의 봉사자들이 의기투합해 어르신들의 한 끼를 해결해야 했다. 이후 2011년 8월, 해남사 맞은편에 위치한 가게를 리모델링해 확장 이전했다. 주방 공간도 좀 더 넓어지고 어르신들에게 쾌적한 환경을 제공할 수 있게 됐다.

시설이 더해지면서 봉사자들의 수도 많이 늘었고, 그로인해 '수자타의 집'은 울산지역 사찰 신행단체들의 봉사 기지로 자리 잡았다. 신행단체 뿐 아니라 이웃종교 및 기업들의 나눔터로도 확장됐다. 크고 작은 기업들이 수자타의 집에 봉사활동을 이어오고 있으며, 물품 후원도 아끼지 않고 있다. 그야말로 울산을 대표하는 봉사 일번지다.

우리 해남사 역시 울산 시민들의 관심에 보답하기 위한 활동을 꾸준히 해오고 있다. 해남사의 유치원은 그 역사가 매우 오래됐다. 또 한 12년 전부터 '신행학교'를 만들어 이 학교 졸업생들로 하여금 졸업 후 반드시 봉사활동을 하도록 했다. 지금은 코로나19로 인해 급식소를 일시 폐쇄했지만, 독거 어르신들을 위해 식료품을 포장해 나누는 것으로 그 정신을 이어가고 있다. 울산 중구청이 큰 도움을 주고 있다.

해남사의 모든 활동은 울산 지역사회, 나아가 한국의 지역사회와 상호교류하며 소통하는데 주안점을 두고 있다. 종교를 떠나 인간이 가지고 있는 행복이라 함은, 혼자만의 행복이 아니기 때문이다. 주변이 행복해야 나도 행복할 수 있다. 코로나19 사태만 봐도 그렇다. 강력한 바이러스의 출현은 역설적이게도 나 혼자만 잘 살 수 없다는 깨달음을 인간 사회에 던져 주었다. 그러나 그 행복의 전파는 자신이 가진 것을 폭력적으로 강요하는 일방향이 되어선 안 된다. 함께 어울려 살아가는 가운데 더 많은 부분을 덜어내고 부족한 부분을 보완하는 그런 자연스러움이어야 한다. 더러 울산을 두고 계획도시, 산업도시라 부르며 마치 역사문화적 전통이 부재한 곳으로 말하기도 한다. 울산은 신라시대 때부터 한반도에서 가장 중요한 무역과 군사의 요충지로서의 역할을 담당해왔다. 이후 1960~80년대 경제활동의 중심지로서 누렸다. 이 모든 과거의 발자취가 바로 울산의 전통이자 역사다.

2021년은 울산이 오래된 지역 도시로서의 전통을 되찾는 원년이 되었으면 한다. 일자리를 찾아온 이들로 구성된 도시였지만, 지금은 그들의 제 3의 고향으로서, 또 그 자녀들의 고향으로서 울산에 대한 애향심이 자리 잡을 수 있는 기반이 마련됐.

코로나19로 모두 힘들고 어렵지만, 이럴 때일수록 울산의 저력이 빛을 발할 순간이다. 나보다 더 어려운 사람을 생각하고 배려하며 또 한 걸음 나아가봄이 어떨까.

● 좋은이웃 정갑윤입니다

태화교회 양성태 담임목사님

지역사회 속에서 빛과 소금의 역할을 감당하고, 사랑으로 섬기고 희생하며, 지역사회와 함께 연대하며 공동선을 추구해 나갈 때에 건강한 사회가 이루어질 것을 확신한다.

교회는 지역사회의 일원으로 존재하는 동시 지역사회를 위하여 존재한다. 지역사회와 대립하거나 분리되는 것이 아닌 관계와 소통을 통해 빛과 소금의 역할을 감당해야 할 의무와 책임이 있다. 이를 통해 사회질서와 안정에 기여한다.

이러한 역할이 종교적 기반을 갖추는 것과 분리되지는 않는다. 사회 속에 엄연히 존재하며 대안공동체로서의 역할을 하는 교회모습 자체가 비신자들로 하여금 종교적 기반을 이루도록 이끌기 때문일 것이다.

교회가 지역사회의 일원으로 감당하는 역할은 다음 세 가지로 나눠볼 수 있다.

첫째는 사회경제분야에서의 사회적 약자를 위한 돌봄이다. 교회는 지역사회 속에서 돌봄을 필요로 하는 사회적 약자를 섬기는 역할을 한다. 사람이 살아가는 다양한 형태 속에는 돌봄을 필요로 하는 대상들이 언제나 있기 마련이다. 노인들, 빈민들, 병자들, 외국인노동자들 등등의 약자들이 이에 속한다. 사각지대 속에서 신음하는 이들이 생존을 위한 최소한의 재원이라도 공급받을 수 있도록 교회와 지역기관이 연대해야 한다.

둘째는 문화교육분야로 결손가정과 다문화가정을 위한 교육의 역할이다. 교회는 사회를 구성하는 최소단위인 가정이 지역사회 속에 뿌리를 내리고 든든히 세워져가도록 교육적 지원을 할 수 있다. 특별히 결손가정의 자녀들에게 교육의 장을 열어 학업성취를 높여줄 수 있으며, 다문화가정의 자녀들에게는 한국어와 한국문화를 교육함으로 소외당하는 아이들이 없게 하고 사회구성원으로 활착하도록 돕는 역할을 할 수 있다.

셋째는 환경시설분야로 환경개선참여와 시설공유다. 교회는 지역사회와 상생하기 위해 환경을 가꾸고 시설을 공유하는 역할을 할 수 있다. 실제로 태화교회는 '좋은이웃 주차장' 이라는 이름으로 지역 주민들에게 주차공간을 공유하며, 타 지역주민들의 방문으로 인해 발생하는 지역 내 주차문제를 완화시키는 역할을 하고 있다. 또한 월드비전과 같은 NGO단체에 교회 안의 공간을 대여하여 지역사회를 위한 공동선을 추구하고 있다.

결국, 교회는 지금까지도 그래왔듯 앞으로도 지속적으로 지역사회의 아픔과 문제를 끌어안고 함께하는 모습으로 존재해 갈 것이다. 성경이 말하는, 하나님께서 원하시는 대안공동체로서의 모습을 끊임없이 갖추어갈 것이다. 지역사회 속에서 빛과 소금의 역할을 감당하고, 사랑으로 섬기고 희생하며, 지역사회와 함께 연대하며 공동선을 추구해 나갈 때에 건강한 사회가 이루어질 것을 확신한다.

● 좋은이웃 정갑윤입니다

태화교회는 1976년 2월에 태화강국가정원이 있는 현 위치에서 설립된 교회다. '교회는 세상의 빛'이라는 목표로 '물댄동산이 되어 세상을 아름답게 만들자'는 소망을 갖고 있다. 교회자체를 위해 존재하는 교회가 아니라 세상의 필요를 공급하는 교회로 박차고 있다.

태화교회는 동강병원을 비롯한 음지와 양지의 다양한 곳에 교회속의 교회를 세워가며 슬로건 '사랑해요 아름다운 울산'을 실천해가고 있다. 지난 30년 동안 인근 동강병원과 손을 맞잡고 호스피스 사역을 하고 있다. 몸과 마음이 영적으로 건강하지 못한 분들을 눈여겨 살피며 돌보는 일들이다.

또한 다음세대가 행복하기를 바람으로 불우한 청소년들의 미래를 지원하는 지역 대표적 복지기관인 마이코즈와 연대하여 청소년 성장형 돌봄학교와 청소년 장학활동과 청소년 쉼터사역 등을 감당하고 있다.

2005년부터 일정한 주거를 갖지 못한 지역사회의 노숙인 100여명을 교회로 초대하여 매주일 예배와 교육과 건강관리와 식사 등으로 섬기는 '희망날개모임'도 이어오고 있다.

이밖에도 지체장애우들과 극빈가정과 고아와 독거노인들과 노숙인들을 돌보는 재가복지사역, 매년 성탄절과 부활주일에 울산지역 교회들과 함께 마음을 모아 지역사회를 위한 '이웃사랑 착한소비운동', 이웃에 생필품들이 담긴 물건을 전하는 '따뜻하세요 울산 박스' 나누기 운동, 인근 가게들을 찾아가는 '이웃가게 물건사기운동'을 하고 있다.

태화교회의 모든 활동은 궁극적으로 지역사회의 성장과 안정을 도모하고 있다. 이에 앞으로 울산이 '이런 도시가 됐으면' 하는 바람을 전해본다.

첫째, 노력하는 만큼 보상받는 울산을 기대한다. 한두 마디 말로는 담아낼 수 없는 어려움을 직면한 2021년의 청년들이 노력한 만큼 보상받을 수 있는 사회가 되었으면 좋겠다. 타고난 수저에 상관없이 개인이 최선을 다한다면 그에 맞는 결과를 바라볼 수 있었으면 좋겠다. 더불어 어떤 상황에도 희망을 잃지 않도록 독려해주는 울산이 되기를 기대해 본다.

둘째, 시민에게 직접적 도움과 안전을 보장해주는 울산을 기대한다. 연말이면 어김없이 보도블록이 갈아엎어진다. 이제는 남아 있는 예산을 시민에게 직접 도움이 되도록 사용해주시길 바란다. 모든 시민이 함께 누릴 수 있는 도시의 인프라 확충이 절실하다. 특별히 울산은 넓은 땅에 비해 대중교통이 빈약할 뿐만 아니라 관련 종사자들의 업무 환경도 열악하다. 이는 시민의 안전과 직결된 문제이기에 버스를 비롯한 대중교통 시스템을 정비하여 시민에게 더욱 안전한 울산을 선사해 주시길 기대한다.

셋째, 교육과 문화가 살아 숨 쉬는 울산을 기대한다. 2045년이 되면 울산이 더는 광역시가 될 수 없을지도 모른다는 예견이 있다. 많은 청년들이 울산으로 다시 발걸음을 돌릴 수 있도록 교육 서비스가 확대되면 좋겠다. 더불어 양질의 문화공연이 펼쳐질 수 있는 공연장과 시민이 쉽게 찾아갈 수 있는 국민체육센터도 설립되면 좋겠다. 울산광역시가 교육, 문화적인 방면에 대해 아낌없는 투자를 해 주실 것을 기대해본다.

넷째, 지역사회와 교회가 하나로 어울리는 울산을 기대한다. 대한민국의 개신교는 130년이 넘는 숭고한 역사를 이어가고 있다. 숭고한 역사라 말하는 이유는 먼 이국땅에서 온 젊은 선교사들의 고귀한 희생이 있었기 때문이다. 그들의 고귀한 희생은 단지 종교적인 영역에만 국한된 것이 아니었다. 기독교가 우리나라에 들어와서 이룬 성과는 실로 대단하다. 대한민국 건국의 토대가 되었고, 학교를 세우고, 병원을 건립하

● 좋은이웃 정갑윤입니다

였으며 또한 여성들의 사회적 진출을 열어주는 등 대한민국의 문명을 일깨워주는 초석이자 기둥으로서 오늘날을 이루어냈다.

이처럼 교회는 130년이 넘는 선교 역사 가운데 사회를 향한 관심과 섬김은 지금도 여전히 그 명맥을 이어오고 있으며 앞으로도 그리할 것이다. 코로나 19라는 예상치도 못한 상황 가운데 본이 되지 못한 몇몇 교회들의 안타까운 모습도 있었지만, 그러나 교회는 '네 이웃을 네 몸과 같이 사랑하라' 는 성경의 가르침을 저버리지 않을 것이며 이웃과 지역사회를 향한 선한 영향력으로 이상적인 사회를 이루어가도록 최선을 다할 것이다.

울산에는 600여 교회가 있으며 기독교 이름의 전문기관으로 조직된 복지단체, NGO, 청소년기관, 노인복지기관 등이 많다. 이들이 가지고 있는 전문적인 노하우는 지역사회를 도움 시킬만한 충분한 자원이 될 수 있다. 종교의 틀을 뛰어넘는 지역사회와 시민들을 위해 의미 있는 운동을 할 수 있는 재능이라 할 수 있다. 따라서 교회와 기관들이 연계하여 시민들에게 꿈과 희망과 문화적 활동이 끝없이 펼쳐질 수 있으면 좋겠다.

마지막으로, 시니어가 청춘으로 살아가고, 청년인재들이 찾아오는 울산을 기대한다. 초고령화사회로 진입하고 있으며 은퇴자들이 급증하는 현실 속에 울산은 시니어들이 다시 청춘으로 살아갈 수 있는 시니어 일자리, 시니어 복지, 시니어 봉사 등 여러 가지 시니어제도를 만들어 자신의 인생 끝까지 청춘으로 살아가는 울산이 되었으면 한다. 울산의 청년들이 자신이 태어난 고향에 정착하지 못하고 떠나는 이유는 자신의 미래를 기대하지 못하기 때문이다. 자신이 태어난 울산에서 자신의 미래까지 볼 수 있도록 요람에서 취업까지 종합적인 로드맵이 필요하다.

울산광역시장애인종합복지관 인상현 관장
천주교 부산교구 신부님

장애는 더 이상 개인의 책임이 아닌, 공공의 책임이다. 공공서비스의 틀을 짜는 분들이 현장을 더 자주 찾고, 현장의 목소리에 귀 기울인다면 더 나은 공공서비스가 제공될 수 있을 것이다.

코로나19는 사회복지 분야에도 크나큰 영향을 미쳤다. 기존의 사회복지 서비스는 대면을 위주로 운영되어 왔다. 신체 활동에 제약이 있는 장애인들이 대상인만큼 대면 서비스는 불가피했다.

그러나 코로나19 팬데믹은 만남 자체를 불가능한 상황으로 만들었다. 재활치료 중단, 돌봄 제한 등 장애인 당사자뿐만 아니라 가족에게도 많은 어려움을 야기했다. 특히 꾸준한 재활과 돌봄이 필요한 발달장애인의 경우, 또 다른 방식으로의 삶의 전환이 필요하게 됐다. 우리 울산광역시장애인종합복지관을 포함한 많은 기관들이 긴급체제로 운영을 돌리며 그 전달 방식에 대해 근본적인 고민을 해야 했다. 직접 기관을 찾아오지 않으면서도 사회복지 서비스를 전달할 방법은 없을까.

IT 기술을 통한 비대면 사회복지 서비스의 도입이야말로 사회복지 서비스 분야 최대의 현안이다. 우리 기관 역시 흔들림 없이 발달장애인 지원을 이어가기 위해 연합지원체계를 구축하는 등 새로운 시대 상황에 맞는 업무를 수행하고자 노력하고 있다.

공공기관이 제공하는 장애인 복지 서비스는 질적·양적 측면에서 모두 확대되어 왔다. 개인 차원에서 감당해야 했던 장애는, 사회복지 개념이 발달함에 따라 점점 더 공적영역으로 이관되고 있다. 오늘날 국가차원의 복지는 중증환자 돌봄으로까지 심화되었다. 사회복지서비스기관에선 예전엔 감당하지 않았던 중증에 대한 서비스를 준비해 나가야 하는 시점에 봉착했다.

최근엔 '커뮤니티 케어'란 개념이 대두하며 장애시설 서비스가 변화하고 있다. 커뮤니티 케어의 핵심은 서비스의 집단화에서 개별화로의 전환이다. 과거 시설 위주의 장애인 케어가, 개인에 조금 더 밀착한 서비스로 변화하는 것이다. 여기에 정부가 개입해 복지서비스의 공적 영역으로의 이관을 가속화하고 있다. 코로나19로 인해 더디게 진행되고 있지만, 전반적으로 이미 거스를 수 없는 흐름이 되었다.

2000년 11월 20일 개관한 울산광역시장애인종합복지관(사회복지법인 로사리오 카리타스)은 광역단체가 수행해야 할 사회복지 업무를 대신해 공적 서비스를 수행한다. 코로나19 발발 이전엔 하루 평균 약 500명의 시민이 우리 시설을 이용했으며, 현재는 100~150여명이 이곳을 찾는다.

울산광역시장애인종합복지관 다양한 층위의 복시서비스 임무를 수행한다. 연령별로는 아동부터 노인까지 생애 주기에 따른 서비스를 제공한다. 기본적인 언어 치료, 물리·심리 치료에 더해 방과후서비스, 직업재활서비스도 1대 1 맞춤형으로 제공한다. 우리 시설이 올해로 12살이 된 만큼 한 사람의 성장과정을 함께하는 순간도 적지 않게 경험했다. 초등학교 방과후서비스를 이용하던 발달장애인 친구가 성인이 되어 직업재활서비스를 받아 성공적으로 취업에 골인하기도 했다. 한 사람의 생애가 차근차근 '미션'을 통과해가는 것을 지켜보는 것은 사회복지영역에 몸 담고 있는 사람으로서 누릴 수 있는 가장 큰 기쁨이 아닐까.

산업도시 울산은 다수의 기업활동이 이뤄지고 있는 도시라 그런지, 다른 지역에 비해 사회복지 시설에 대한 시민들의 이해와 관심의 수준이 높다. 제품만 잘 만들어 파는 시대는 지났다. 다수의 기업들이 법적 책임의 준수는 물론, 사회가 요구하는 윤리적 활동을 수행하는 '윤리경영'을 실전에 도입하고 있다. 특히 공기업은 윤리경영이 경영평가의 기준으로, 싫어도 사회환원 활동을 하지 않을 수 없다. 우리 기관에도 울산 소재 기업의 후원이 꾸준히 이어져 사회복지 서비스를 위한 재원 마련이 용이한 편이다. 기업의 사회적 가치 실현 의무 덕분에 우리 기관이 함께 상생해 나아갈 수 있다. 울산시 테두리 안의 다른 사회복지 기관들과 협업도 원만히 이뤄진다.

조금 더 바라자면 사회복지서비스에 대한 고민을 정책결정자 분들과 공유하고, 정책적 차원의 협력이 증대됐으면 한다. 앞서 말했듯 장애는 더 이상 개인의 책임이 아닌, 공공의 책임이다. 공공서비스의 틀을 짜는 분들이 현장을 더 자주 찾고, 현장의 목소리에 귀 기울인다면 더욱 현실과 밀착한 공공서비스가 제공될 수 있을 것이다.

더불어 하루 빨리 코로나19 바이러스가 종식되어, 장애인과 그 가족들이 지금 겪는 고통이 완화되길 바란다.

● 좋은이웃 정갑윤입니다

나눔은 희망이다

내가 정치를 시작한 목적은 나눔을 실천하기 위함이었다. 어린 시절 가난 속에서도 묵묵히 올바름을 추구하고 배움의 길을 걸어나갈 수 있었던 것은 주변의 수많은 분들이 나에게 내어준 나눔의 손길 덕분이었다.

이따금 '내가 정치 안 했다면 무엇이 되었을까?' 란 생각을 한다. 아마도 울산에서 '봉사 일꾼'이 되지 않았을까 싶다.

나는 봉사와 나눔을 평생의 업으로 삼아왔다. 대학시절 청소년 야간 공부방 봉사부터 한국청년회의소(JC), 나아가 아너 소사이어티*에 가입하기까지 크고 작은 봉사와 기부활동을 꾸준히 이어왔다. 형편이 넉넉지 않더라도 나보다 힘든 상황을 겪고 있을 누군가를 위해 해줄 수 있는 것이 있다는 게 평소의 소신이다.

* 아너 소사이어티 : 사회복지공동모금회가 설립한 고액 기부자 모임으로 1억원 이상 기부하거나 약정할 경우 회원이 될 수 있다.

고액 기부자 모임 '아너 소사이어티'에 가입하다

2012년 11월, 아너 소사이어티에 가입했다. 그해 1월에 모친이 돌아가시며 받은 조의금을 모아 전액을 기부하며 회원이 된 것이었다. 개인적으로 매우 영광스러운 일이기도 했지만, 무엇보다 모친께서 남기신 마지막 유산이란 생각에 더욱 큰 의미가 있었다.

나는 전국 174호이자 국회의원으로서는 두 번째 아너 소사이어티 회원이 되었다. 아너소사이어티가 국내에 설립된 지 6년이 지난 시점이었는데, 나를 포함해 국회의원 회원이 단 둘뿐이었다는 것은 우리 사회의 노블레스 오블리주가 그만큼 설익었음을

   2015.05.04

"사회지도층 기부문화 더 확산돼야" 정갑윤 부의장

정갑윤(중구) 국회부의장은 지난 1일 '2015 행복바라미 문화대축전'에 참석, 사회지도층의 기부문화가 더욱 확산되어야 한다고 강조했다.

올해 3회째인 '행복바라미'는 각박한 사회 속에서 복지 사각지대에 놓은 우리 이웃에게 나눔을 실천하고 상생과 사회적 공동 선(善)을 구현한다는 목적으로 기획됐다.

정 부의장은 축사를 통해 "135개국을 대상으로 기부를 통한 '나눔지수'에서 1인당 GDP가 우리의 25분의 1밖에 안되는 미얀마가 1위로 국민의 91%가 기부에 참여한다"면서 "우리나라의 기부참여는 65%에 그쳐 60위에 머무르고 있다. 아너소사이어티 회원으로서 우리 사회의 '나눔', 특히 사회지도층의 '노블리스 오블리제'가 더 확산되어야 한다는 생각을 한다"고 밝혔다.

● 좋은이웃 정갑윤입니다

보여주는 것이 아닐까. 우리 사회에는 공동체를 위해 나누는 문화가 아직 무르익지 않은 것 같다. 정치를 하는 사람으로서 특별히 많은 고민과 반성을 해볼 지점이다.

가난한 유년기의 경험을 평생나눔의 밑거름으로 삼다

평생 나눔을 실천하게 된 계기는 가난했던 어린 시절에서 유래한다. 가난한 산골 소작농의 넷째 아들로 태어나 어려서부터 농사일을 도왔다. 초등학교에 갈 나이가 되었지만, 어려운 집안 형편으로 인해 소 먹이고 나무하고 풀 베는 일로 시간을 보내야 했다. 내가 초등학교에 들어간 것은 동네 이장님 덕분이었다. 이장님께선 책을 좋아하는 어린 소년이 안타까우셨는지 여기저기 주선을 한 끝에 초등학교에 입학을 시켜주셨다. 동급생보다 많은 나이로 입학했지만 향학열만큼은 뒤지지 않았고, 5년 만에 초등학교를 졸업했다.

울산제일중학교에 입학한 후에도 신문배달을 하며 직접 용돈을 벌었다. 이른 아침에 신문을 돌리는 가난한 학생의 배고픔을 아셨는지, 아침 밥을 짓던 어머님들이 "학생, 밥 먹고 가"라며 따뜻한 밥상을 내어주시곤 했다. 차가운 새벽에 마주하는 따끈따끈 갓 지은 밥상, 그것이 전해주는 온기와 큰 사랑을 지금도 잊을 수 없다. 어린 나에게 세상에서 가장 크고 따뜻한 나눔을 내어주신 분들이었다.

어려운 환경 속에서도 공부의 꿈을 놓지 않았기에 경남고등학교에 합격할 수 있었다. 하지만 이번에도 가난이 문제였다. 당시 입학금이 7350원이었는데, 학업에 꿈이 있는 막내아들을 위해 어머니가 백방으로 다니셨지만 구하기 힘든 큰돈이었다. 그때 또 한 번 도움의 손길이 닿았다. 중학교 담임 신생님께서 울산 유지 분들에게 제자의 딱한 사정을 알리고 직접 성금을 모아 주셨다. 그렇게 모인 성금으로 무사히 고등학교

경남고등학교 재학시절의 정갑윤 부의장

진학까지 마칠 수 있었다. 그분들의 나눔이 없었더라면 지금의 정치인 정갑윤은 없었을 것이다.

본격적으로 나눔의 기쁨을 알고 실천하기 시작한 것은 대학을 다니면서부터다. 낮에는 학업하고 밤에는 야학에 나가 형편이 어려운 아이들을 가르쳤다. 'BBS(Big Brothers&Sisters) 울산직업소년중고등학교' 라는 야학에서 7년간 가르쳤다. 당시만 해도 만연했던 미취학 아동들의 문맹 퇴치 차원이었다.

얼마 전 언양장에 갔을 때의 일이다. 한참 시장판을 다니고 있는데 어떤 완숙한 숙녀분이 와서 내게 깍듯이 인사를 하는 것이다. "선생님, 저 야학 제자입니다. 늘 감사의 인사를 드리고 싶었습니다." 그 말을 듣는데 그만 눈물이 핑 돌았다. 많은 사람들을 뚫고 와서 감사함을 표시하는데 그 마음이 전해져서일까, 사람들 한 가운데서 흐르는 눈물을 간신히 참았다. 내가 오히려 더 고마운 일이었다.

● 좋은이웃 정갑윤입니다

한국청년회의소 시절의 정갑윤 부의장

JC 감사패

한국청년회의소(JC) 활동도 활발히 이어갔다. 아마 내가 지금도 울산-경남 양산 일대에선 제일 고참일 것이다. 우리 지역후배들과 함께 많은 일을 하고 함께 성장했다.

국회의원 10년간 매달 세비 10%를 기부하다

"자신을 찾는 가장 좋은 방법은 다른 사람들을 위해 자신을 헌신하는 것이다." 비폭력운동으로 인도의 독립운동을 이끈 인도의 정치인 마하트마 간디 선생의 말처럼 다른 사람을 위한 봉사 속에 삶의 진정한 의미를 찾고, 무한한 감사함을 느낄 수 있었다. 내가 받은 사랑을 잊지 않고 실천적 보답을 하기 위한 일환이었다.

국회의원이 된 후에도 나눔을 이어갔다. 2008년부터 한 달도 빠짐없이 매월 세비의 10%정도를 따로 떼어 지역 복지단체에 쌀을 기부했다. 나로 시작한 나눔이 사회지도층, 특히 정치권에서의 노블레스 오블리주 실천이 확대되길 바라는 마음이 컸다. 2015년의 '소득세법 일부개정법률안' 대표발의도 이런 마음에서 출발한 것이었다.

기부금 세액공제를 상향해 기부 문화 확산 유인책을 활성화하고, 고액기부자의 기준을 현실에 맞게 조정하자는 게 주요 골자였다. 이와 더불어 기부연금제와 재능기부에 대한 마일리지 적립제도 등 우리 사회에 나눔 문화가 확산될 수 있는 다양한 제도를 추진했다.

사랑의 장기기증·각막기증 서약을 맺다

2012년, 나는 사랑의 장기기증 서약을 맺었다. 각막까지 전부 기증하기로 했다. 내가 받은 지지와 사랑을 보답하기 위한 나만의 방법이 뭘까 고민 끝에 결정한 것이었다. 부처께서는 '보시하는 사람은 복을 얻고, 이를 실천하는 사람은 열반을 얻으리라'고 말씀하셨다. 남은 건 육신일 뿐이니 그것을 필요한 사람에게 주면 내가 할 수 있는 가장

한국경제　　　　　　　　　　　　　　　　　　　　　　2015.03.06

정갑윤 의원 "기부금 세액공제율 24%로" 개정안 발의

정갑윤 국회부의장(새누리당 의원·사진)이 소득세법 개정으로 낮아진 기부금 공제율을 올리는 내용의 세법 개정안을 6일 대표 발의했다.

2013년 소득세법 개정 당시 기부금을 소득공제 대상에서 세액공제 대상으로 변경하면서 기부금에 대한 세제 혜택이 줄었고, 이에 따라 개인 기부 총액이 감소했기 때문이라는 게 정 부의장의 설명이다.

정 부의장이 발의한 '소득세법 일부 개정 법률안'은 현재 15%로 책정돼 있는 법정기부금과 지정기부금에 대한 세액공제율을 24%로 올리고, 고액 기부자 기준도 현재 연간 3000만원 기부에서 1000만원으로 낮추는 내용을 담고 있다.

● 좋은이웃 정갑윤입니다

마지막 나눔일테다.

사회 전반으로 나눔 문화가 확산될 수 있도록 입법활동도 이어갔다. 나아가 '장기등 이식에 관한 법률 일부개정법률안'을 대표발의했다. 장기등 기증희망자임을 주민등록증에도 표시되도록 하였고, 증명서를 재발행 하는 경우에도 표시할 수 있도록 하자는 게 골자였다. 장기기증은 만성질환자, 암환자 등 환우들에게 건강한 새 삶을 선물할 수 있는 희망의 열쇠다. 그런데 많은 국민들이 장기기증을 할 수 있다는 것조차 모르고 있는 상황이었다. 당시 한 여론조사 결과, 국민의 47.7%가 장기기증에 의향이 있다고 답했으나, 의향이 있다고 답한 응답자 중 41.4%가 등록방법을 몰라서 희망등록에 참여하지 못하고 있었다. 이 법안의 통과로 장기기증을 희망하는 사람들의 주민등록증에도 장기기증 희망자임이 표시되도록 되어, 사고 발생시 신속한 대처를 할 수 있는 발판이 마련되었다.

나눔 문화 확산을 위해 다양한 입법활동을 이어가다

인간은 혼자 살아갈 수 없다. 인간 사회의 본질은 함께 살며 마음의 온도를 나누는 것이다. 사회적으로 폭력성이 나날이 심화되고 있다. 청소년 문제, 노인문제, 마약·중독 문제 등은 우리 마음의 결핍이 사회적 문제로 터져나오는 것이다. 이런 문제들은 나눔의 정신과 문화의 확산으로 상당 부분 해소할 수 있다. 사회적 문제를 제도나 규제로 통제하는 것도 중요하지만, 사회 전체적으로 나눔의 온도를 높인다면 더욱 효과적으로 해결될 수 있다.

빌게이츠 등 세계적인 기부왕들의 기부행위를 보면 그 사회의 힘이 느껴진다. 나눔은 사회공동체를 건강하게 유지하는 토대가 되는 만큼 '나눔법'이 중요하다. 2016년

'나눔활성화 및 지원에 관한 법률'을 대표발의한 배경이다. 성숙한 나눔 문화가 더욱 확산되고, 정착되는데 기여할 수 있기를 바라는 마음이 컸다.

이 법안은 나눔에 관한 원칙 및 기본적인 사항과 국가 및 지방자치단체의 책무를 규정함으로써 나눔문화의 활성화와 정책에 기여함을 목적으로 하고 있다. 주요 내용으로는 국가와 지방자치단체는 나눔문화 활성화와 정착을 위한 시책을 수립·시행하고, 나눔관련 통계를 작성·관리하도록 하는 것, 나눔주체 및 나눔단체에 대한 포상 근거 및 행정적·재정적 지원을 할 수 있는 근거를 규정하는 것 등이었다.

또한 기부금을 내면, 연금으로 되돌려 받을 수 있도록 계획기부에 대한 '기부연금제'

산타로 변신해 사회 취약계층인 아이들에게 선물을 주는 정갑윤 부의장

울산시민들과 함께 한 풀뽑기 행사에 참여한 정갑윤 부의장

를 도입하고, 나눔주체 및 나눔단체 등의 기부금 등에 대해 조세를 감면할 수 있는 규정을 마련했다.

나눔 문화의 안착을 위해 행정적 지원이 반드시 필요하다. 시민들의 연대와 행정적 연계를 통해 소외계층의 의식주 등 기본적인 삶의 조건을 해결할 수 있어야 한다.

내가 정치를 시작한 목적은 나눔을 실천하기 위함이었다. 어린 시절 가난 속에서도 묵묵히 올바름을 추구하고 배움의 길을 걸어나갈 수 있었던 것은 주변의 수많은 분들이 나에게 내어준 나눔의 손길 덕분이었다. 이제 그 감사한 마음을 더욱 실천적 방법으로 갚아나가고 싶다.

울산 시민들과 함께

따뜻한 밥한끼 나눔봉사

하늘에서 본 태화강

태화강 국가정원 봄꽃축제

가지산 설경

좋은이웃 정갑윤

정갑윤의 영원한 울산 사랑이야기

05 | 사랑하는 가족 이야기

화목한 가정이 바로 서야 나라가 바로 섭니다.

"家和萬事成"

- 존경하고 사랑하는 부모님 그리고 나의 어린시절
- 나의 첫사랑 아내와의 만남
- 나를 만든 건 8할이 가족이다

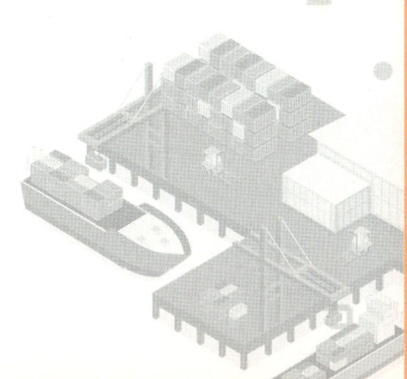

존경하고 사랑하는 부모님
그리고 나의 어린 시절

정갑윤 전 국회 부의장

어머니는 위대하다고 말들 한다. 우리 어머니의 삶을 돌이켜보건대 '위대하다'는 표현 이상이었다.

보고 싶은 부모님

● 좋은이웃 정갑윤입니다

어릴 적 우리 집은 중구 병영동에서 가난한 소작농이었다. 부모님은 일제 강점기에 결혼하여, 5남1녀를 낳으면서 억척스러운 세월을 살아 오셨다. 아버지는 결혼 후 강제징용으로 일본에 끌려갔었는데, 구사일생으로 살아 돌아오셨다고 한다. 해방 후 두 분은 울산에 자리 잡으셨다.

아버지는 부지런하고 일을 잘 해내는 농부였지만, 술도 많이 드셨다. 당시엔 농사일 하는 사람들이 술병 없이는 일을 하지 못한다고 할 정도였다. 지금 생각하면 얼마나 정신적으로 육체적으로 힘들고 고통스러웠으면 그랬을까 싶다. 한편으론 마음이 후덕하셔서 주막에 들르실 때면 "날아가는 까마귀도 내 술 먹고 가라"고 하실 정도였다. 상당히 건강한 편이셨던 아버지는 술 때문인지, 67세의 나이로 갑자기 돌아가셨다. 남긴 것은 빚뿐이었다.

어머니는 위대하다고 말들 한다. 우리 어머니야말로 돌이켜보면 '위대하다'는 말로 간단하게 표현할 수 있는 것 이상의 삶을 살아오셨다. 허구한 날 술에 취해 사시는 아버지를 뒷바라지하시면서 여섯 아이들을 키우기 위해, 그야말로 안 해본 것이 없다고 할 정도였다.

그렇게 어머니는 울산에서 가장 밑바닥부터 터를 잡고 가정을 일구어 오셨다.

그러면서도 자식에 대한 사랑이 남다른 분이셨다. 특히 어린 나에게 어릴 적부터 아낌없이 사랑을 듬뿍 주셨다. 시장에서 노점을 하시면서, 체구도 작으신 분이 늘 나를 등에 업은 채 장사를 하셨다고 한다.

나는 6남매의 넷째로 태어났다. 집안 형편으로 인해 형님들은 모두 일찍부터 머슴살이를 나가셨다. 부끄러운 이야기지만, 당시엔 그렇게 사는 집이 많았다.

나도 자라서 학교 갈 나이가 될 무렵쯤에 자식을 얻지 못한 5촌 아저씨 집에 양자로

갔다. 학교에 보내주기로 하고 데려갔던 5촌 아저씨가 약속을 지키기는커녕, 술만 드시면 주벽 부리기 일쑤였다. 결국 나는 도망쳐 집으로 돌아왔다.

집에 와서 나무 하고 소를 먹이며 시간을 보냈다. 물론 돈이 없어 초등학교도 가지 못했다. 밤이 되면 동네 작은 서당으로 글을 배우러 가는 게 큰 낙이었다. 한자를 한 자 한 자 깨치면서, 그게 생활 속에서 단어로 적용되고, 문장이 되어 세상을 표현하는 걸 익혀가는 게 재미있었다.

훈장 어르신은 공부를 재밌어 하는 어린 나를 좋게 봐주셨다. 동네 이장 어르신에게 부탁해주셔서, 그분의 도움으로 남들보다 뒤늦게 초등학교에 입학하게 되었다. 비로소 학업의 길을 걷게 된 것이다.

초등학교를 졸업하고 나서도 여전히 중학교 진학을 꿈도 꾸지 못할 형편이었다. 중학교를 졸업하고 고등학교에 올라갈 때도 마찬가지였다. 공부는 제법 했었고 꿈도 컸지만, 가정 형편으로는 그 뒷바라지가 어려웠다.

하지만 학업이 이어지는 고비 고비마다 주변에서 도와주는 분들이 계셨다. 그런 분들의 도움으로 배움의 길을 이어나갈 수 있었다. 고등학교는 그때 인근에서 가장 유복한 집의 우수한 자제들이나 꿈꿔볼 수 있었던 부산 경남고등학교에 입

경남고등학교 졸업사진

제일중학교에 특강을 하러 갔을 때

학하게 되었다. 당시 울산군 갑구 최영근 국회의원께서 부산 서면에 집을 두셨는데, 그 집의 가정교사로 받아주시고, 용돈도 챙겨주셨다.

1970년대 전세계를 감동시켰던 〈갈매기 조나단〉이라는 유명한 소설이 있다. "가장 높이 나는 새가 가장 멀리 본다"라는 문구도 여기서 나온 것이다. 하지만 나에게 이 책에서 최고의 한 문장을 꼽으라고 하면 이런 문구를 들고 싶다. "누군가에게 꿈이 주어졌을 땐 그것을 이룰 힘도 같이 주어진다."

나에게 꿈을 이룰 수 있게 했던 큰 힘은 주변 사람들의 나눔과 지원에서 왔다. 이 힘 덕분에 중고등학교 시절에 밤낮으로 공부에 매진할 수 있었다. 하지만 그렇게 도와주는 힘을 최대한 잘 활용하기 위해서는 본인도 그만큼 노력해야 한다.

중고등학교 시절, 나는 매일 새벽 4시에 일어났다. 조간신문을 배달하고 집에 돌아와 학교갈 준비를 하고 등교하는 게 일상이었다. 그렇게 해서 시작된 학업의 길은 대학을 마치는 데까지 이어졌다. 스스로 '억수로 운이 좋았다'고, 또 인복이 많은 편이라고 생각한다.

어린 나이 때부터 일찍 일어나 일과를 시작하는 생활습관이 몸에 배어 있기 때문인지, 활동하면서 새벽 4시보다 늦게 깬 적이 없다. 지금은 나이를 먹어 잠이 좀 줄어들었는지 매일 새벽 3시면 눈을 뜬다. 이렇게 부지런한 생활습관을 갖게 된 데엔 어머님의 영향도 있다.

우리 어머니 故김화순 여사는 그 시절의 '슈퍼

사랑하는 나의 어머니

우먼'이셨다. 멀고 가까운 동네 품을 파는 일에서 시장 노점상에 이르기까지 생계에 도움이 되는 일이라면 닥치는 대로 하셨다. 남편과 아이들 일에도 소홀함이 없었다. 지금 생각하면 아버지는 '전쟁의 트라우마'와 현실의 압박감에 못 이겨 술로 도피하셨던 것이다. 그런 아버지를 묵묵히 뒷바라지하시면서, 한편으로는 우리 형제들을 모두 알뜰히 건사하셨다.

그러기 위해 어머니의 일상은 언제나 동이 트기 전부터 시작됐다. 잠결에도 어머니가 조용히 집 안팎을 다니시며 사부작사부작 일하는 기척을 느낄 수 있었다. 남편과 아이들이 먹을 밥과 입을 의복을 준비해놓고 크고 작은 집안일을 다 갈무리하고, 시장에 낼 물건을 손질해서 일찍 집을 나서셨다.

가녀린 몸이 감당해낼 수 있을까 싶을 정도로 부지런히 일하시면서도, 어머니는 자신의 피로감으로 가족들에게 짜증을 내는 일이 전혀 없으셨다. 언제나 지극한 사랑으로, 소중한 존재로 대해주셨다.

그런 사랑과 존중 속에서 자라난 덕분인지, 지금까지도 우리 집은 형제간의 우애가 남다르다. 맏형과 나는 열두 살 차이가 난다. 내가 고등학교를 다닐 무렵 큰형님께서 시내에서 장사를 시작하시면서 우리 집안 형편이 조금씩 피기 시작했다. 형님들이 결혼하신 후에 형수님들까지도 내게는 어버이와도 같은 분들이다. 우리 형님들이 안 계셨더라면 공부를 끝마치지 못했을지도 모른다.

형제 간 깊은 우애와 화목함은 대를 이어 우리 집안의 큰 보물이 되었다. 우리 아이들은 부모에 효도하고 형제 자매간 아끼는 어른들을 보며 산교육을 받은 셈이다. 그래서인지 우리 자식들 역시 모두 우애가 깊고 무엇보다 가족을 무척 소중하게 여긴다. 내가 우리 아이들에게 따로 물려줄 것은 없지만, 이러한 가족분위기 만큼은 '위대한 유산'이 아닌가 생각한다.

그리고 그 유산의 원천은, 나의 기억의 한도 내에선, 우리 어머님의 자식 사랑이다. 누구도 부모만큼 자식을 사랑해줄 순 없다지만, 나의 어머니처럼 자식 사랑이 컸던 분이 또 있을까. 특히 부모님 곁에 오래 머물러 있었던 내게는 그 사랑이 그만큼 더 많이 표현된 셈이다. 내가 받았던 그 사랑의 백분의 일이라도 돌려드리고 싶은 마음이 항상 내 마음 속에 있다.

사랑도 표현을 해야 안다고 한다. 나는 다 큰 성인이 되고 국회의원이 되어서도 어머니께 사랑을 많이 표현하려고 마음을 썼다. 늘 어머니를 끌어안고 되도록 자주 스킨십을 했다. 당신께서 말년에 병원 신세를 지고 계실 때에도 찾아뵐 때마다 업어드리곤 했다. 키워주셔서 감사하다는 열 마디 말보다 사랑을 담은 행동 한 번이 더 진실한 것이라고 생각한다.

어머니께선 망백(望百)을 훌쩍 넘겨 2012년 상수(上壽)에 소천하셨다. 아버지와 함께 울산 주연동에 있는 선산에 모셨다. 나는 지금도 머리속이 복잡할 때면 산소를 찾아간다. 2020년 불출마 선언을 하기 전에도 선산을 찾았다. 그 앞에 앉아 있노라면 복잡한 일들의 타래가 풀리며 중요한 것이 무엇인지 선명해진다. 세상을 떠나신 뒤에도 자식을 위해 마음을 쓰는 게 부모님 큰 사랑이 아닐까.

국회의원이 된 뒤 오랜만에 해보는 경작

나의 첫사랑
아내와의 만남

정갑윤 전 국회 부의장

아내는 단 한 번도 불평을 하거나, 불필요한 구설수에 올라 남들의 눈살을 찌푸리게 한다거나 하는 일이 없었다. 정치인으로서 만날 수 있는 최고의 여성이라고 생각한다.

사랑하는 나의 아내 박외숙 여사와 함께

● 좋은이웃 정갑윤입니다

'훌륭한 아내가 훌륭한 남편을 만든다'고 했다. 나 나름대로 스스로 더 좋은 사람이 되고자 노력하고 모든 사람들이 더 나은 세상에서 살아갈 수 있도록 노력하며, 그러기 위해서 삶에서 원칙과 신념을 지키며 살아온 일생이다. 그런 삶이 가능했던 것은 나의 아내 박외숙 여사의 내조와 헌신 덕분이었다.

어느 사회에 있어서나 그렇겠지만, 한국에서 '정치인의 아내'로 살아간다는 것은 결코 쉬운 일이 아니다. 아직까지 정치 활동이 성숙한 문화로 정착되지 못한 부분이 많기 때문이기도 할 것이다. 전통사회로부터 전해져 내려오는 밀착된 인간관계의 구습(舊習)이 강하게 잔존하는 동시에, 복잡한 현대사회의 시스템과 이해관계가 얽혀, 불필요하게 서로 견제하거나 비판적으로 바라보는 시선이 많다는 점도 분명히 상황을 어렵게 하는 부분이 있다.

그래서 한국 사회에도 정치인의 스캔들이 만만치 않게 존재한다. 대개 정치인으로 나서는 사람들은 공익을 위해 자신의 삶을 바친다는 마음 자세를 갖고 있다. 큰 뜻에 걸맞게 일생을 절제하고 타인을 위해 살아오는 노력도 쌓아올리고 있다. 그런데 이런 공든 탑이 예상치 못했던 스캔들로 인해서 하루아침에 무너지는 경우를 심심치 않게 보게 된다. 십중팔구 그런 스캔들은 가족과 연루되게 마련이고, 눈에 보이게 보이지 않게, 그 연결고리에 정치인의 부인이 관련되는 경우가 많다.

이렇게 어려운 삶이기 때문에 정치를 하는, 혹은 하겠다는 남편은 요즘 젊은 여성들에게 그렇게 환영 받는 존재는 아닌 것 같다. 따뜻하고 오붓한 삶을 기대하기 어렵게 만들 뿐 아니라 조금의 실수도 용납되지 않는 긴장 속에 살아야하기 때문일 것이다. 개인적인 자리에서 우스갯소리로 들은 얘기가 있다.

여성 네 명이 모여 환담을 하고 있었다. 즐거운 수다가 이어지다가 속마음이 나오기 시작했다. 남편들 뒷담화가 시작된 것이다.

"우리 남편은 늘 품이 없어서 정해진 월급 외에는 아무 것도 더 갖다 주는 게 없어. 회사 칼퇴근하고 집에만 박혀 있는데, 박봉으로 살기 힘들어." 그러자 두 번째 여성이 말했다. "그래도 그건 행복한 거야 우리 남편은 사업을 한답시고, 일주일에 닷새는 만취가 되어 새벽에 들어와." 세 번째 여성이 말했다. "너희들 그건 다 배부른 소리야. 우리 남편은 도박을 한다고. 정말 골칫거리야." 마지막으로 네 번째 여성이 나섰다. "우리 남편은 정치를 하겠대!" 이 말에 앞의 세 여성의 입에서는 동정어린 외침이 이구동성으로 터져 나왔다고 한다. "너 어떻게 하냐!"

부인들 입장에서 정치인을 내조한다는 게 쉽지 않은 일인 만큼, 정치인으로 봐서도 어떤 아내를 만나는가 하는 것이 결혼 후 정치인생을 좌우한다 해도 과언이 아니다. 그런 의미에서 나의 아내는 정치인으로서 만날 수 있는 최고의 여성이라고 생각한다. 나와 결혼한 이래 결코 쉽지 않은 삶을 살아왔음에도 불구하고 단 한 번도 불평을 한 적이 없었다. 또한 불필요한 구설수에 오르는 일도 없었다.

아내 자랑은 팔불출 중 하나라지만, 우리 박외숙 여사야말로 인품과 지혜를 함께 갖춘 사람이라고 생각한다. 모르긴 해도 울산에서 우리 박여사의 평판이나 인기가 나보다 더 좋으면 좋지 덜 하진 않을 거라 자신한다.

사실 그건 아내로서도 부단한 노력의 결과이기도 하다. 아내는 늘 "나를 낮추면 남이 나를 높여주고 내가 높이면 남이 나를 낮춘다"는 도덕경의 문구를 가슴에 새기고 다닌다. 아내가 여름에 즐겨 드는 부채에 그 글귀를 새길 정도다.

나를 대신해 공식 일정을 소화할 때에도 자신이 '국회의원의 사모님'이란 이유로 나서거나 귀빈 대접을 요구하는 법이 없다. 비공식적으로 사람들을 만나는 자리에선 조용하고 살뜰하게 다가가면서도 자신을 낮추는 봉사를 아끼지 않는다. 평생 풍족한 삶을 보장해주지 못했던 가난한 정치인의 아내로 살면서도 어려운 내색을 하거나 불평하는 법이 없었다. "가난이 내 스승이다." 우리가 정말 경제적으로 어려웠을 때 아내가 밝게 웃으며 내게 했던 말이다.

이렇게 스스로를 낮춤으로서 실질적으로 자신의 격을 더 높이는 여성이야말로 남편의 격을 높여주는 훌륭한 아내가 아닐까? 내가 생각하기에 정치인의 아내로서 최고의 덕목이다.

아내를 처음 만난 건 대학 시절 때였다. 내가 울산공대 초대 학생회장이었을 때 행정실 여직원으로 근무하고 있었다. 울산여상을 나온 아내는 매우 총명했지만 집안에 보탬이 되기 위해 학교에 취업을 했던 것이다. 아내는 2남2녀의 맏딸이었다. 그 시절 맏딸은 늘 가족을 위해 희생을 하였다.

당시 울산공대는 생긴 지 얼마 되지 않았기 때문에 학교에 마땅한 시설도, 제대로 된 시스템도 없었다. 학생회장으로서 모든 학생의 캠퍼스 생활을 더 나아지게 만들기 위해서 일도 많았는데, 사소한 것 한 가지라도 개선하려면 적극적으로 밀고 나가지 않으면 안 되는 상황의 연속이었다.

예를 들면 당시 웬만큼 괜찮다는 대학 캠퍼스에는 '음악실'이라는 게 있었다. 예나 지금이나 한국 사람들은 좋은 음악을 사랑하고, 또 음악을 듣는 수준이 높다. 하지만 그때는 지금처럼 스마트폰으로 언제 어디서나 자기가 좋아하는 퍼포먼스를 접할 수 있는 시절이 아니었고, 개인적으로 음악을 누릴 수 있게 해주는 편리한 기기인 '워크맨' 같은 것조차 꿈에도 생각하지 못했던 시절이었다.

따라서 사람들은 만남과 휴식의 장소로서 '음악실'을 선호했다. 좋은 음향 장비와 편안한 의자, 또 인접해서 담소를 즐길 수 있는 공간이 음악실의 기본이었다. 당시 경제 개발 계획으로 약진하고 있었던 산업사회, 한국의 엘리트를 양성하기 위해 야심차게 설립되었던 울산공대 역시 좋은 음향기기와 편안한 휴게 시설을 갖추고 출발했다.

하지만 그 좋은 음악실에 제대로 된 음반이 없었다. 그런 사소한 부분까지 학생회장이 학생과에 요구하고, 일이 진행되도록 밀어붙이지 않으면 되는 게 없었던 시절이었다.

집사람은 행정실 학생과에 근무하는 직원이었다. 학생을 대표해서 요구 사항이 있으면 제일 먼저 두드려야 하는 자리다. 자연히 부딪힐 일이 많았다. 실무로 신경전을 하는 경우도 있지만, 행정실 직원의 도움이 절실한 경우도 많았다. 학생회장으로 공문을 보내려면 문서 타이핑을 해야 하는데, 요즘처럼 퍼스널 컴퓨터가 있던 세상이 아니었고, 개인 타자기를 갖고 있던 학생들은 전혀 없었던 시절이었다. 그런 일을 할 수 있는 곳을 찾아가 부탁을 하는 수밖에 없었다.

그런 부탁을 제일 만만하게 할 수 있었던 상대가 당시 행정실에 근무하던 아가씨, 지금 나의 아내가 된 사람이었다. 한번은 타이핑을 부탁했던 문서에 그 아가씨가 실수로 오타 2개를 낸 적이 있었다. 그로 인해 나는 상당히 난처해졌고 뒷수습을 하느라 더 자주 그녀를 만날 수밖에 없었다.

아마 티격태격하면서 나는 그 직원 아가씨에게 점점 더 끌리게 되었던 것 같다. 그녀가 실수하자, 그걸 핑계로 더 자주 만나는 구실을 만들었다. 밥도 함께 먹고 차도 마시며 자연스럽게 연애를 시작하게 되었다. 4년 연애를 한 끝에 내가 학교를 졸업할 무렵 결혼을 하게 되었다.

우리의 결혼 결심을 더욱 확고하게 만들어주었던 사건이 있었다. 그녀가 뺑소니차에

● 좋은이웃 정갑윤입니다

치이는 교통사고를 당한 것이다. 소식을 듣고 그녀가 입원한 병원을 찾아 병상에 누운 아내를 본 순간, 나는 울컥했다. 그녀가 내게 얼마나 소중한 사람인가 하는 느낌이 온 몸과 마음을 울리는 것 같았다.

아직 결혼을 하기 전이지만, 나는 불가피한 시간을 제외하면 아내 곁을 지켰다. 간절한 마음으로 아내가 무사히 회복되기를 기도하며 그녀를 조금이라도 더 편하게, 더 기쁘게 해주려고 온 힘을 기울였다.

입원해 있는 한 달 남짓한 시간이 그렇게 흘러갔다. 아내는 무사히 퇴원을 할 수 있었고, 그 과정을 통해 아내와 나 사이의 믿음은 더할 나위 없이 확고해졌다. 퇴원 후 얼마 지나지 않아 결혼식을 올리게 되었다. 1974년 12월 15일이 우리의 결혼기념

결혼식 사진. 양가 부모님과 함께

일이다.

나중에 아내에게 당시 나의 첫인상에 대해 물은 적이 있다. 집사람은 "좀 세련되고 날렵해보였다"며 웃었다. 나 같은 촌사람도 어디 없을 텐데, '그 시절 부산에서 고등학교를 다니며 나름대로 '부산 물'을 먹어서 그랬나' 생각을 하니 나도 웃음이 나왔던 기억이 있다.

아내는 나 못지않게 향학열이 강한 사람이었다. 그 시절 집안 형편상 대학 진학은 못했지만, 결혼 후 아이를 낳고 나를 뒷바라지 하면서도 꾸준이 자신만의 공부를 이어가 마침내 한국방송통신대학에 입학했다.

아내의 공부는 지금까지도 이어지고 있다. 좋은 스승을 찾아 한학과 고전을 공부한지 오래다. 20년 가까이 평생 학습을 통한 인문학 공부를 이어오고 있다. 지식을 쌓는 일뿐 아니라 자신의 몸과 마음을 닦는 일도 게을리 하지 않는다. 다도(茶道)도 익히며, 그밖에도 자신이 접하게 되는 심신수련법을 성실히 익혀 실천하면서, 항상 수양하는 삶을 살고 있다.

아내의 울산 사랑은 나를 비롯한 누구에게도 뒤지지 않는다. 산과 바다가 모두 있는 아름다운 환경도시로서, 대한민국의 경제 중추 역할을 하는 산업도시로서 자랑스럽다는 말을 어디 가서든 한다. 차인회(茶人會), 로터리클럽 봉사활동 등 울산지역 사회를 위한 활동도 활발히 해오고 있는데, 이런 지역사회 봉사활동은 내가 정계에 입문하기 전부터 하던 것들이다.

사회적으로 활발히 활동하면서 많은 사람들을 만나게 될수록 그만큼 처신을 신중하게 해야 함은 물론이다. 나는 아내가 어디 가서 부정적으로 띌 행동을 할 사람이 아니라는 걸 잘 안다. 천성이 남의 앞에 나서는 걸 좋아하지 않고 그늘에서 봉사하는 기쁨으로 사는 사람이다.

그래도 늘 몸가짐을 조심하려는 마음의 끈을 놓아서는 안 된다고 생각한다. 내가 국회의원이 된 뒤 아내에게 농담 반 진담 반으로 한 말이 있다. "당신의 힘으로 직위를 갖고 단상에 앉는 건 괜찮지만, 서방이 국회의원이라고 우겨서 단상에 앉는단 소리가 들리면 내 그 다리 모가지 뿌라삔다."

아내 쪽에서도 당신의 바깥사람 단도리를 잊지 않는다. 처음 여의도로 올라갈 때 집사람이 내게 해준 말이 딱 하나 있었다. "(국회의원 당선이 되어 중앙으로 가는 것이) 정말 감사한 일이다. 그러나 우리는 전문직도 아니고 학자도 아니다. 우리가 내세울 건 인간미뿐이다. 사람을 항상 앞에 두고 챙기는 정치인이 되어라. 늘 유권자들 눈높이에 있어야 한다."

18년 동안 중앙정치를 하며 여의도를 오갈 때도, 아내는 울산을 떠난 적이 없었다. 아내는 울산에서, 나는 서울에서 주로 지내며 주말부부 생활을 했다. 때때로 내 옆에서 내조를 못 해주는 것이 마음에 걸리는 듯했지만, 그럴 때마다 울산 시민들의 은혜를 받은 우리가 지역을 위해 희생하는 것이 당연하다는 말로 나를 위로하면서 자신도 위로하는 듯 했다.

아내는 내 평생의 지지자이자 든든한 후원자다. 내가 1991년 처음 경상남도의회 도의원으로 도전을 했을 때에도 아무 말 없

경남도의원 시절 신한국당 총재 김영삼 전 대통령과 함께

이, 그러나 가장 굳건하게 지지해주었다. 내가 국회의원에 출마할 때에도, 2017년 탈당을 결심했을 때에도, 2020년 불출마 선언을 했을 때에도 내 선택을 존중해주었다. 그리고 필요한 자신의 역할을 조용히 수행했다. 한번은 누군가가 아내에게 "남편이 정치하는데 힘들지 않냐"고 물었는데 아내가 "남편의 결정이 그렇다면 지지해주는 게 가족의 도리"라고 답했다는 말을 들었다. 그렇게 아내는 늘 한결같았다.

한편으로 우리는 참 독립적인 부부이기도 하다. 서로의 영역을 존중할 줄 아는 사이다. 나도 아내가 무엇을 배우는지, 어떤 일을 하는지 일일이 묻지 않고, 아내 역시 스스로 처신을 하며 활동을 한다.

마음이 단단한 아내 덕에 두 아들 역시 큰 말썽 없이 자랐다. 아내는 아이들이 남을 배려하고 자신의 것을 나눌 줄 아는 아이로 키운 훌륭한 어머니다. 가족을 지키고 뭉치게 하는 것도 결국 당신의 역할이었다.

내가 가는 곳이면 어디든 들고 다니는 나의 원칙. '대인춘풍지기추상'.

'대인춘풍 지기추상(待人春風 持己秋霜)'. '채근담'에 나오는 말로, 남에게 대할 때는 봄바람처럼 따스하고 부드럽게 대하되, 나 스스로에겐 가을 서리처럼 차갑고 엄격하게 대하라는 뜻이다. 나는 이 문장을 정치인으로서의 자세로 삼아 내가 가는 곳에 늘 걸어둔다. 이 문장은 아내가 내게 늘 말해주는 것이다.

나를 만든 건
8할이 가족이다

정갑윤 전 국회 부의장

첫째 아들 내외와 두 손주, 둘째 아들 내외와 쌍둥이 손주는 지금 내가 가진 최고의 재산이자, 그 무엇과도 바꿀 수 없는 보석이다.

국회 부의장 마지막 임기를 마치며. 가족과 함께 국회의사당에서

● 좋은이웃 정갑윤입니다

3대가 함께 떠난 김해여행에서

자식과 부모는 서로의 거울이라고 한다. 자식들의 아버지가 된다는 것은 결코 쉬운 일이 아니다. 스스로의 마음을 억누르고 앞장서서 모범을 보여야 하며, 때로는 자식의 잘못을 품어주고 때로는 회초리도 들어야 한다. 때때로 나의 허물이 자식에게서 보일 때면 분노보다 속상함과 자책감에 괴로울 때도 많다.

다행스럽게도 세 살 터울의 두 아들은 큰 말썽 없이 잘 자라주었다. 지혜로운 아내 덕분일 테다. 지금도 우리 부부 집 근처에 사는 큰 아들 정태승은 나처럼 한국청년회의소(JC) 활동도 하며 지역사회 봉사에 열심이어서 나의 소싯적 모습을 보는듯 하다.

아들 내외와 손자손녀까지 3대가 함께 거니는 국회의사당

서울에 있는 둘째아들 정원석은 부모에게 손 벌리지 않고 자신의 영역을 잘 개척해 살아가고 있다. 아들들에 왜 부족함이 없겠냐마는 내 눈엔 그저 사랑스러울 뿐이다.

두 아들은 더 말할 나위 없이 우리 부부의 자랑이었다. 그런데 이 두 놈이 결혼을 하고 나서 더 큰 자랑이 생겼다. 보물 같은 며느리들이 집안의 새 식구로 들어온 것이다.

우리 부부는 며느리 복이 참 많다. 시댁과의 연락을 부담스러워하고 명절에 함께 모이는 것도 피하는 며느

첫째 아들 부부의 손주들과 설 명절에

● 좋은이웃 정갑윤입니다

둘째 며느리와 쌍둥이 손주들과 함께

리들도 있다지만, 우리 며느리들은 '착하다' 표현도 부족할 정도로 훌륭하다.

울산에 사는 큰 며느리 박시내는 전형적인 '맏며느리'다. 가까이 살며 말없이 묵묵히 시댁과 자기 식구들 살림을 살고, 온 집안 대소사를 살뜰히 챙긴다. 서울사람인 둘째 며느리 진은주는 마치 친딸 같아 일주일에 6일은 시부모에게 전화를 걸어 손주 얘기도 하고 남편 얘기도 하며 살갑게 대한다. 내가 의정활동을 하느라 주말부부로 서울 오피스텔에서 혼자 생활을 할 때의 일이다. 내가 없을 때 둘째며느리가 일주일에 한번씩 내 숙소에 와서 시아버지 빨래도 하고 청소도 해주고 가는 것이었다. 남의 집 귀한 딸에 괜한 고생을 시키는 것 같아 미안해서 사람을 부르려하면 오히려 며느리가 섭섭해하며 "제가 아버님 챙겨드리고 싶어 그런다"고 말해주었다. 이렇게 귀한 따님을 식구로 보내주신 사돈 내외분께 그저 감사하고 미안할 따름이었다.

코로나19가 발병하기 전엔 명절이면 온 가족이 우리 집에 모여 휴일을 즐기다 가곤 했다. 모든 식구가 모여 화목하게 시간을 보내는 것을 바라보며 아내가 "당신이나 내나 그렇게 나쁜 짓은 안 했나보다"라고 말했던 기억이 난다.

의정활동을 하느라 정작 가족들에게 특별하게 해준 것도 없는 세월이었다. 그래도 늘 아버지, 할아버지를 자랑스럽게 여기고 "사랑한다"고 말해주는 고마운 존재들이 바로 가족이다. 내가 지난 2020년 의정활동을 마무리할 때 온 가족이 나에게 '깜짝 선물'로 국회의사당을 찾아 가족사진을 촬영했다. 의정활동 18년 동안 나 혼자 바쁘게 뛰어다니던 여의도를, 내가 사랑하는 가족들의 손을 잡고 여유 있게 걷노라니 절로 행복한 마음이 샘솟아 올랐다. 첫째 아들 내외와 두 손주, 둘째 아들 내외와 쌍둥이 손주는 지금 내가 가진 최고의 재산이자, 그 무엇과도 바꿀 수 없는 보석이다.

나의 보물, 가족들과 함께

● 좋은이웃 정갑윤입니다

좋은이웃 정갑윤

정갑윤의 영원한 울산 사랑이야기

06 | 정갑윤의 또 다른 가족, 내가 본 정갑윤

늘 한결같은 소탈한 사람 정갑윤
여러분의 평생 친구입니다.

- 울산광역시 체육회 **이진용** 회장(BBS 울산불교방송 사장)
- 울산 중앙새마을금고 **오병한** 고문
- 이발사 **임형규** 님
- 재울산 호남향우회 **류종석** 전임 회장
- 울산광역시 중구약사회 **김시온** 전임 회장
- 한국방송통신대학교 **하연실** 전임 총학생회장
- 국회 환경미화원 **노민예** 님
- 국회의원 18년 임기를 함께한 **윤혜원** 비서관

울산광역시 체육회 이진용 회장
BBS 울산불교방송 사장

공직자로서 반드시 갖춰야 할 덕목인 윤리성과 청렴함도 뛰어났다. 오랜 시간 정치활동을 하고, 선거를 치를 때마다 압승을 거두면서 그 흔한 구설수 한 번 없었다.

정갑윤 부의장이 처음 정계에 발을 디딘 게 경상남도 도의원으로 첫 출마하면서부터였다. 울산시가 아직 광역시로 승격되기 전이었다. 당시 그의 텃밭이었던 울산은 물론이고, 경상남도 전체에서 가장 많은 표를 받았던 것으로 기억한다. 중앙정계에 진출하기까지 약간의 시련도 겪었지만, 결국 울산이 배출한 가장 훌륭한 정치인이 되었다. 내리 5선 의원에 국회부의장까지 지낸 그가 걸어온 길은 오롯이 그가 쌓아올린 것이었음을 누구도 부인하지 못할 것이다.

그는 '덕장(德將)' 형 리더다. 원래부터 재력이 뛰어났던 것도, 집안 내력이 화려했던 것도 아니었다. 요즘 말로 하면 오히려 '흙수저'에 가까운 사람이었다. 하지만 그에 겐 누구도 갖지 못한 훌륭한 자산이 있었다. 바로 인품과 성실함이다. 지금까지 20년 넘게 그를 알아왔지만, 주변에서 단 한 번도 '정갑윤은 겉과 속이 다르다' '믿을 수 없다'와 같은 말을 들어본 적이 없다. 누구를 대하든 진정성있게 대했으며, 자신의 이해관계에 따라 사람을 차별하지 않았다.

공직자로서 반드시 갖춰야 할 덕목인 윤리성과 청렴함도 뛰어났다. 오랜 시간 정치활동을 하고, 선거를 치를 때마다 압승을 거두면서 그 흔한 구설수 한 번 없었다. 선거때만 되면 유력 후보의 비위를 고발하는 일이 비일비재하지만, 그나 그의 가족이 부정한 이유로 고발당하거나 비난을 사는 일은 없었다. 평소 정의감이 강하고, 주변의 어려운 분이나 생활이 어려운 분을 돕는데 사비를 털어서라도 앞장서서 나서는 분이다.

그는 애향심 또한 대단하다. '정갑윤 의원' 하면 유명한 일화가 있다. 중앙의 정부부처나 출입기자들에 대접을 할 일이 있으면 반드시 울산의 명물 고래고기를 공수해 올렸다. 해보면 알겠지만, 중요한 일이 있을때마다 고향의 특산물을 택배로 공수해 올린다는 게 결코 간단한 일이 아니다. 그런데도 정 부의장은 10여년을 수시로 고래고기를 선물하고 대접해왔다. 고향도 알리고, 고향의 자영업자들까지 살리기 위한 그만의 애향심이었다.

그는 정말 울산에 필요한 사람이다. 자신의 지역구였던 중구뿐만 아니라 울산의 국회의원으로 살아온 사람이다. 울산의 다른 지역구의 현안으로 도움을 청해도, 자신이 도울 수 있는 일이라면 어려운 기색 없이 흔쾌히 들어주었다. 실제로 울산지역의 큰 현안이 거의 다 그를 거쳐갔다고 해도 과언이 아니다. 의정활동을 하며 참 많은 일을 풀어냈다. 그 중에도 고등법원 원외재판부 유치, 혁신도시 유치 등 커다란 국책사업이 울산에 자리 잡기까지 그의 역할이 컸다.

12년 가까이 '국회의원 정갑윤'의 후원회장으로서 자리를 지킨 것은 누가 시켜서 그런 것이 아니었다. 그를 알면 알수록 자랑스럽고, 존경스러웠기 때문에 자발적으로 그 자리를 지켜온 것이다. 그처럼 평소 삶에서 정직하고 바르게 사는 이가 또 있을까. 5선까지 한 국회의원이 많지도 않지만, 정 부의장처럼 여전히 서민적이고 그저 친형처럼 푸근한 정치인도 없을 것이다. 울산 출신 정치인으로서, 한국 정치사와 울산 시민들의 마음에 영원히 기억되는 분으로 남길 바란다.

울산 중앙새마을금고 오병한 고문

정갑윤 부의장이 어떤 사람이냐고 묻는다면, "약속 하나만큼은 철두철미하게 지키는 사람"이라고 자신 있게 말할 수 있다. 다른 사람과의 신의를 무척이나 중요하게 생각한다.

정갑윤 부의장이 어떤 사람이냐고 묻는다면, "약속 하나만큼은 철두철미하게 지키는 사람"이라고 자신 있게 말할 수 있다. 그가 가진 장점이 그것 하나 뿐이기야 하겠냐만, 그가 약속을 대하는 태도는 남다르다. 다른 사람과의 신의를 무척이나 중요하게 생각한다.

한 번은 이런 적이 있었다. 아직 울산에 KTX가 개통되기 전의 일이다. 지금 KTX역이 들어선 울주쪽에서 정갑윤 부의장과 열댓명 되는 사람들이 함께 만나기로 했다. 정 부의장은 서울에서 내려오는 일정이었는데, 갑자기 기상 악화로 인해 울산행 비행기가 못 뜨게 돼버렸다. 당시는 이런 일이 예사로 있었기 때문에 그 자리에 모인 사람들은 '정갑윤 부의장을 못 보고 가겠구나' 생각하고 있었다. 그런데 약속시간이 한 시간 반 지났을 때 정 부의장이 약속장소에 등장했다. 급하게 서울역으로 가 기차를 타고 부산역에 내려, 부산에서부터 울주까지 차를 달려 온 것이었다. 아무리 어려운 상황이어도 자신을 위해 모인 사람들을 만나기 위해 먼 길을 돌아 온 것이다. 당시 자리에 있었던 사람들이 "이 사람, 약속 하나만큼은 확실히 지키네요!"라며 감탄을 금치 못했다.

10여년을 훌쩍 넘긴 지금, 정갑윤 부의장은 여전하다. 내가 그를 처음 만났을 때가 2002년이니 벌써 20년 전이다. 5선 의원에 국회 부의장까지 지낸 원로 정치인이지만, 그때나 지금이나 그는 여전히 소탈하고 작은 약속까지 기억하고 지키려 애쓰는 한결같은 사람이다.

그만큼 우리 울산 지역을 대표할 수 있는 사람이 있을까. 그를 청년 시절부터 봐왔지만 '정치인 정갑윤'에 대한 나의 믿음은 확고하다. 학교 선후배로서의 인연도 깊지만, 평소 그의 모습과 주변 사람들의 평가를 보면 알 수 있다. 그는 누구에게나 한결같은 사람이다. 지역의 일꾼으로 충분한, 아니 훌륭한 인물이다. 서민정치를 흉내내는 것이 아니라 진정 실천하는 이다. 울산 중구 5선 의원으로, 중구에 있는 여느 시장에 가도 '할매' '누님' '동생'이라 부르며 가족처럼 챙기는 이다.

정갑윤 부의장도 이제 정치 인생의 새로운 전환점을 맞고 있다고 생각한다. 지난 총선에 불출마 선언을 하며 바라왔던 국회 의장직은 놓쳤지만, 그의 앞엔 또 다른 소명이 자리하고 있다고 생각한다. 5선 의원으로서 쌓아온 정치적 거름을 지역경제를 위해 풀어내는 것도 좋을 것이다. 울산시의 발전과 울산시민의 행복을 위해 또 한 번 어려운 걸음을 해줬으면 하는 바람이다.

● 좋은이웃 정갑윤입니다

이발사 임형규 님

정갑윤 부의장님을 오랫동안 봐오며 느낀 것은 참 한결같고, 정이 많은 사람이란 것이다. 한번 맺은 인연을 소중히 여기고, 허투루 대하지 않는 분이다.

정갑윤 부의장님의 헤어스타일을 30여년 책임지고 있다. 요즘에도 한달에 한 번씩 나의 영업장을 찾아 이발을 하고 가신다. 일자리를 찾아 1991년 울산에 처음 왔는데, 아마 그 즈음부터 정 부의장님을 알고 지내게 됐던 것 같다. 울산 중구 학성타운 앞에서 이발을 하기 시작해 지금까지 울산에 살고있다. 정 부의장님은 가장 오랜 고객이다.

정 부의장님은 늘 기본적이면서 깔끔하게 스타일링을 하신다. 새벽에 집을 나설 때에도 대충 산발하고 나오지 않으신다. 그는 늘 "정치인은 숨은 자질은 물론이요, 보여지는 부분도 중요하다"며 스스로를 단정한 상태로 유지하신다. 외향을 꾸미고 사치하는 게 아니라, 가장 기본적인 모습으로, 상대방에 편안하고 안정감을 주는 모습을 유지하신다. 이발사의 시각에서 봤을 때 정 부의장님의 두상은 매우 잘 생겼다. 어디 하나 꺼지거나 모난 곳이 없이 전체적으로 둥글둥글한 모양이다. 일반인에 비해 크기가 다소 큰 편인데, 뇌가 크고 단단한 골격을 갖췄다.

정갑윤 부의장님을 오랫동안 봐오며 느낀 것은 참 한결같고, 정이 많은 사람이란 것이다. 한번 맺은 인연을 소중히 여기고, 허투루 대하지 않는 분이다. 경상남도 도의회 의원이던 시절부터 인연을 맺은 게 지금까지 이어오고 있다는 것만으로도 그에 대해 많은 것을 알 수 있다. 내가 영업장을 옮길 때도 있었는데, 부의장님은 그때마다 내가 옮긴 곳을 물어 찾아오시곤 했다. 전국구 단위의 큰 인물이신데, 사람과의 인연을 이토록 소중히 여기는 것을 보고 놀랍기도 하고, '역시 다르구나' 감탄을 하곤 한다.

그는 따뜻한 사람이지만 물렁하고 우유부단한 것과는 거리가 멀다. 사업가 출신으로서 오랜 시간 정치 활동을 해오며 그 흔한 구설수 한번 오르내리지 않았다. 정치인으로서도 좋은 평가를 받으시는 것으로 알고 있다. 싸워야할 때와 물러나야할 때를 아는 현명한 사람이자, 결단력과 책임감이 있는 분이다. 무엇보다 '어른'으로서 존경할 만한 분이다.

정작 본인은 권위 의식이 없다. 권위 의식이 적은 게 아니라 아예 없다고 느껴질 정도다. 30년 전이나 지금이나 허물없이 사람을 대한다. 나 역시도 정갑윤 부의장님을 대할 때 이웃집 아저씨처럼 편안한 마음으로 대한다. 기본적으로 그에 대한 존경심이 있기에, 편안하면서도 예의를 갖춰 대할 수 있는 것이다.

지금까지 삶은 모든 덕망과 연륜을 울산을 위해 한번 풀어내 주셨으면 하는 개인적인

● 좋은이웃 정갑윤입니다

바람을 전하며 늘 건강하시라는 말씀을 드리고 싶다. 늘 먼저 챙겨주시는 부의장님께 이런 기회를 빌어 감사의 인사를 드리고 싶다.

울산시 중구당원 단합대회 중인 정갑윤 부의장

재울산 호남향우회 류종석 전임 회장

울산은 제 2의 고향이다. 삶의 터전이 울산에 있고, 무엇보다 좋은 이웃을 많이 만났다. 정갑윤 부의장도 그런 인연이다. 괜한 고집도 없고 그 흔한 텃세도 없었다. 참 좋은 사람이다.

눈에 보이지 않지만 울산시 구석구석을 움직이는 힘은 바로 시민에서 온다. 울산은 외지에서 온 사람들이 많은 도시다. 1960~80년대 산업활동의 역군들이 전국 각지에서 울산으로 모여들었다. 호남에서도 많은 사람들이 울산으로 왔다.

나는 매우 일찍 울산에 터를 잡았다. 1972년에 왔으니, 이곳에 산 지 벌써 50년이 다 되어 간다. 호남 사람으로서 울산살이가 처음부터 쉬웠던 것은 아니다. 타향살이가 어디에서든 쉽겠냐만 당시만 해도 극심했던 지역감정 탓에 텃세를 당하기도 일쑤였다. 식당에 앉아 밥을 먹다가도 지역민 간 싸움으로 번지기도 하고 그랬다. 나도 그땐

고집도 세고 자존심도 높아 내 출신지역을 이유로 걸어오는 싸움을 피하지 않았다. 그런 시절이었다.

살다보니 지역감정이란 게 싸울 일이 아니었다. 시민의식이 성숙해지며 모두가 차차 깨달았던 것 같다. 출신 지역이 어디든 결국 울산에서 함께 살아가는 시민이다. 말투가 다르고 고향이 달라도 그 다름을 인정하고 정으로 포용해야 하는 것이다.

한 번 경계가 사라지고 나니 별 일 아니었다. 비단 지역감정만의 일이 아니다. 외국인 노동자나 취약계층에 대해서도 마음먹기에 따라 우리의 시선과 태도가 달라질 수 있는 것이다.

울산은 제 2의 고향이다. 삶의 터전이 울산에 있고, 무엇보다 좋은 이웃을 많이 만났다. 정갑윤 부의장도 그런 인연이다. 그가 16대 국회의원이던 2004년부터 알았는데, 사람이 참 좋았다. 괜한 고집도 없고 그 흔한 텃세도 없었다. 정치를 떠나 가끔 만나 식사하는 그런 친구 사이가 되었다.

정 부의장이 우리 향우회 사람들과 만나는 자리에서 잘 하는 말이 있다. "울산에서 잘 살아야 고향에 가서도 면이 서는 것이다. 아무리 고향이라고 해도 울산에서 성공해 돌아가지 못하면 그만큼의 대접을 받기 힘들다. 울산에서 생활하는 이상 이곳에 최선을 다해야 고향에서도 인정을 받는다."

정말 공감하는 말이다. 우리 호남향우회는 1970년도에 첫 발족을 했다. 울산을 움직이는 5개지부가 있다. 울산을 총괄하는 본회, 그리고 동구, 남구, 북구, 남울주, 서울주 등이다. 각 지부마다 지부회장들이 있다.

울산에서 활동하는 호남출신 시민들의 권익 신장을 위한 일도 중요하지만, 울산지역사회를 위한 봉사활동 역시 핵심사업으로 해오고 있다. 지금도 독거노인들을 위해 주말마다 무료급식 봉사를 하고 있다. 향우회 봉사 차원이다.

울산시민, 그리고 타지역 출신과의 교류도 중요한 임무다. 울산에 사는 우리 고향 사람들과의 단합대회는 기본이다. 향우회 내에 크고 작은 소모임이 있어 골프, 등산, 축구, 배드민턴 등 다양한 활동을 이어간다. 매주 환경미화 사업도 꾸준히 한다.

우리 입장에서 가장 시급한 것이 인구문제다. 울산시 인구도 줄고 있지만, 특히 향우회 활동에 참여하는 인구는 더욱 줄고 있다. 청년들은 우리와 고향이나 향우회의 개념 자체가 다르다. 일단 고향에 대한 인식이 희박하고, 회사 일하기도 바빠 여가 시간에 향우회에 나오지 않는다.

그렇다고 이들을 나무랄 수 없는 노릇이다. 시대가 변하며 사고방식이 변한 것을 누가 나무랄까. 분명한 것은 객지에서 나이를 먹으면 먹을수록 고향사람들과의 유대관계가 중요해진다. 서로 외로움을 달래줄 수 있으며 실질적인 도움을 주고받는 사회적 안전장치로서의 역할도 한다. 서로 영업장 지원을 해주고 울산 시민 자녀들과 향우들이 함께 하는 장학사업 역시 성공적으로 이뤄지고 있다.

고향은 내가 살아가는 힘의 원천이다. 제2의 고향 울산은 사랑하는 가족들의 터전이고, 지금의 나를 만든 곳이다. 두 군데 모두 중요한 곳이다. 타지 출신 울산시민의 발전이 곧 울산의 발전이란 생각으로, 하나되는 울산시를 만들어가는데 일조하겠다.

● 좋은이웃 정갑윤입니다

울산광역시 중구약사회
김시온 전임 회장

우리 약사업계는 코로나19라는 국가적 재난 앞에 어떻게 사회를 위해 헌신할 수 있을지를 고민해오고 있다.

정갑윤 부의장과는 말 그대로 이웃주민으로 만나 알고 지낸 '20년지기'다. 옆 사무실 식구로, 아파트 주민으로, 인연이 이어져 왔다. 그는 말 한마디도 따뜻하게 건넬 줄 아는 사람이었다. 동시에 울산 시민을 위한 일이라면 발 벗고 나서길 자처하는 큰 사람이었다. 나 역시 그의 성품과 능력을 누구보다 잘 알고 있기에 그의 일이라면 누군가의 부탁이 없어도 선뜻 나설 준비가 되어 있다. 그렇게 훌륭한 분과 가깝게 알고 지내는 이웃이어서 참 다행이다.

코로나19가 우리 사회를 뒤덮으면서 의료체계에 대한 사회적 관심이 커졌다. 우리 약사업계도 이런 국가적 재난 앞에 어떻게 사회를 위해 헌신할 수 있을지를 고민해오고 있다. 코로나19 시대에 약사와 약국의 사회적 역할에 대한 심도 높은 고민이 이어지고 있다.

지역사회와 약사회가 함께 할 수 있는 일은 무엇이 있을까?

최근 가장 큰 현안은 '방문약료사업'이다. 인구의 노령화로 다제 약물복용자가 증가하고 있다. 의료현실상 진료의가 환자의 복약내역을 일일이 확인하고 신경써주기 어려운 게 현실이다. 하지만 현행 개인정보보호법상 환자의 복용내역 또는 치료내역의 공유가 쉽지 않다. 이런 이유로 환자 한 명이 중복해서 약을 복용하거나 부정적 상호작용을 일으킬 수 있는 약 복용 문제를 해결하고 도와줄 방문약료가 절실하다. 법적인 한계를 풀고 방문약료를 시스템화해 시민들의 안전을 지킬 수 있어야 한다.

국가적 차원에서 한다면 더 좋겠지만, 그 이전이라도 지자체의 지원과 협조로 시도해야 한다. 이미 경기도 부천 등에서 그 효율성과 필요성이 증명된 바 있는, 고령화 사회에서 꼭 필요한 시스템이다. 앞서 '개호사업'을 시행하고 있는 일본을 벤치마킹하면서도 우리 실정에 맞는 좋은 방법을 지금부터라도 찾아봐야 할 것이다.

최근 이슈가 되는 환경, 아동 문제들에 있어서도 약국은 좋은 인프라가 될 수 있다. 지역사회 곳곳에 있어 접근성이 좋으며 일반 가게들에 비해서 약사들에 대한 신뢰가 더 높다. 현재도 시행하고 있는 아동지킴이집과 같은 아동, 청소년 보호시스템에 약국을 적극 활용하고, 환경문제에 대한 일반적 홍보나 시민캠페인 등을 할 때 약국을 일종의 오프라인 플랫폼으로 활용할 수 있다.

정신건강 위기 상담, 자살예방 등에서도 조금 더 적극적인 연계도 가능할 것으로 보인다. 이 분야는 이미 어느 정도 기관 협조가 이뤄지고 있지만, 사회의 계층분화 심

● 좋은이웃 정갑윤입니다

화, 물질주의 팽배 등이 날로 심화되는 요즘, 약국이 문제 해결의 매개체 역할을 할 수 있다.

이상적인 이야기로 들릴 수도 있다. 하지만 언제나 미래를 위한 설계는 꿈같은 바람에서 출발해왔다. 현실적인 제반여건을 차근차근 마련해 더 살기 좋은 울산을 만들어갔으면 하는 바람이다.

한국방송통신대학교 울산지역대학
하연실 전임 총학생회장

그는 인품뿐만 아니라 열정과, 실력까지 두루 갖춘 정치인이었다. 그 오랜 정치 생활 중에도 적(敵)이 없는 몇 안 되는 사람이다.

나는 한국방송통신대학교 11학번이다. 배움은 결코 마음을 지치게 하지 않는다고 한다. 끊임없는 배움은 늘 새로움으로 마음을 가득 채운다. 사람이 뭔가를 배우는 한 그는 영원히 늙지 않는 것과 같다.

사업을 하는 남편을 따라 울산에 온 지 20년, 아이를 다 키운 뒤 나는 늘 맘 속에 품어왔던 배움을 향한 욕심을 적극적으로 부리기로 마음먹었다. 존경하는 작가 선생님들의 강의를 찾아 들으러 다니고, 뜻이 맞는 사람들과 모여 시를 공부했다. 그러다 2011년 울산시 중구 성안동에 위치한 한국방송통신대학교(방통대) 문화교양학과에 새내기로 입학하게 되었다.

당시 우리 방통대 학생들이 학교생활에 집중할 수 있도록 학습관을 하나 짓는 게 숙원이었다. 학교 위치도 좋고 학생들도 열의에 불타는데, 머물며 학습하고 상호교류를 이어갈 수 있는 시설이 부족했다.

2015년 울산 방통대 총학생회장으로 있으며 이런 대학의 현안을 가지고 정갑윤 부의장과 자주 소통했다. 당시 중구 국회의원이었던 그는 이미 원로 정치인이었는데, 우리 방통대 학생들과 허물없이 지내며 편안한 분위기에서 현안을 꺼내 의논할 수 있도록 배려해줬다. 우리의 이야기를 들은 정 부의장은 그 취지에 깊이 공감하시며 자신의 역할을 다해주셨다.

그를 아는 모든 사람들이 그를 가리켜 인품이 훌륭한 분이라고 한다. 그는 인품뿐만 아니라 열정과, 실력까지 두루 갖춘 정치인이다. 그 오랜 정치 생활 중에도 적(敵)이 없는 몇 안 되는 사람이다. 상대방이 다른 의견을 갖고 있어도 상대의 기분을 상하지 않게 대화로 풀어갈 줄 아는 사람이었다. 내가 방통대 총학생회장으로 있는 동안 그는 우리 학교 행사에 빠지지 않고 참석하며 울산대학사회에 무한한 애정을 보여주었다. 매년 졸업식에 참석하셨는데, "아이고 일이 많아 힘들어 죽겠다~"면서도 늘 웃는 얼굴로 참석해 격려의 말씀을 건네곤했다.

울산에 연고가 깊지도 않았던 나였지만, 그가 보여준 열정과 헌신에 깊은 감명을 받았다. 그에 대한 보답으로 부의장님과 관련된 일이라면 열 일 제쳐두고 뛰어가는 '열혈 지지자'가 되었다. 그만큼 그는 감동을 주는 정치인이다. 나처럼 특별하게 인연이 닿은 사람은 매년 생일이면 직접 전화를 걸어와 '생일 축하' 노래도 불러주신다. 익살맞고 특별한 그만의 애정표현이다.

부산 말로 표현하자면 그는 "사람이 억수로 좋다". 정갑윤 부의장의 사모님도 마찬가지였다. 부득이하게 부의장님이 행사에 참석하지 못하실 때면 반드시 사모님이 대신 오셨다. 사모님은 여느 정치인의 아내와 달리 권위의식이 없는 소탈한 분이었다. 부부가 닮는다더니, 정갑윤 부의장 부부는 똑같이 정 많고 서민적인 분들이었다.

무엇보다 그가 가진 애향심이 대단하다. 그는 늘 "내가 5선까지 할 수 있었던 것은 모두 울산 시민들 덕분"이라는 말을 달고 다녔다. 개인적 소망이 있다면 그가 울산시민을 위해 한 번 더 헌신해줬으면 한다. 울산시민들이 마음 놓고 행정을 맡길 만한 분이다. 모르면 배워서라도 자신의 것으로 만들어갈 줄 아는 분이다. 앞에 말했듯 배움은 결코 마음을 지치게 하지 않는다. 끊임없이 배우고 노력하는 그야말로 '젊은 정치인'으로서 젊은 울산의 미래를 만들어갈 적임자다.

● 좋은이웃 정갑윤입니다

국회 환경미화원 노민예 님

여름철 복날만 되면 서울시청 앞 유명한 삼계탕 집에 정갑윤의원실을 담당했던 환경미화원 식구들을 초대해 몸보신을 시켜주었다. 밥을 먹고 들어온 뒤엔 반드시 의원실에 들러 수박을 먹고 가게 했다.

아침마다 웃으며 "굿모닝!" 인사를 하시던 정갑윤 부의장의 모습이 지금도 눈앞에 선하다. 그는 국회의 아침을 깨우는 분 중 한분이었다. 누구보다 일찍 국회로 출근해 건강관리실에서 자기 관리를 하는 것으로 하루를 시작하였다. '정갑윤부의장실' 구역을 담당해 청소를 하며 만난 분이지만 참으로 부지런하고 무엇보다 자상한 성품을 가지신 분이었다.

출근하시면 항상 본인이 만든 곡인 '울산에 가자' 음악을 흥얼 거리고 계시거나 CD에서 흘러나왔던것도 잊을수 없는 기억중에 하나이다. 울산을 참 많이 생각하고 계시구나....

국회에서 환경미화업무를 하다보면 정말 많은 사람을 보게 된다. 정 부의장은 위아래 차별 없이 사람을 대해주시고, 권위의식이나 선민의식 없이 그저 같은 눈높이로 사람을 바라보고 대하는 게 느껴졌던 분이었다. 그냥 무표정하게 지나칠 수 있는 우리 환경미화원들이지만, 항상 멈춰 서서 안부를 묻고, "아침 일찍부터 나와 고생한다"며 격려해주었다. 그를 떠올리면 가장 먼저 생각나는 것이 바로 복날이다. 여름철 복날만 되면 꼭 서울 시청 앞 유명한 삼계탕 집에 정갑윤의원실을 담당하셨던 환경미화원 식구중 퇴직한 사람까지도 점심예약을 잡아 몸보신을 시켜주셨다. 밥을 먹고 들어온 뒤엔 반드시 의원실에 들러 수박을 먹고 가게 하였다.

정갑윤 부의장 사무실에는 항상 분위기가 매우 좋아보이고 가족적이고 따뜻한 분위기였던게 가장 인상이 깊었던 것 같다.

돌이켜 생각하니 좋았던 감사했던 기억이 참 많다. 사모님께서도 의원님 사무실 직원을 통해 소박하게 먹을거리를 올려 보내 주시곤 하였다. 아직 울산에 가본적은 없지만 가게되면 정갑윤 부의장과 사모님께 꼭 한번 인사를 드리고 싶다.

내 인생 60년을 살면서 환경미화원 직업을 갖고 국회에서 일하며 정갑윤 부의장을 만나서 담당청소를 한 것도 큰 행운이었다. 항상 따뜻한 마음을 평생 잊을수가 없고 앞으로도 고달픔을 이길수 있는 의지를 가질수 있게 해준 분이다.

사람이 오는정이 가는정이라고 내가 받은 따뜻함을 어떻게서는 갚고싶은 마음이 크다. 바쁜 일정과 치열한 의정활동 가운데 늘 소외된 주변을 잊지 않고 챙기는 정갑윤 부의장님께 말씀을 전하고 싶다. "정말 감사했습니다."

국회의원 18년 임기를 함께한
윤혜원 비서관

부의장님은 '협치(協治)'의 귀재로 불린다. 사람들을 아우르고 다루는 건 이 분야에서 단연 최고다.

18년의 시간. 24살 때 정갑윤 의원님을 만나 곁에서 사무실 가족으로 지내는 동안 연애와 결혼을 하고, 두 아이를 둔 학부모가 되었다. 지난해 의원님의 불출마로 인해 직원 모두가 뿔뿔이 흩어졌지만, 나는 의원님의 18년이라는 의정활동 기간동안 단 한 번의 이탈 없이 의원님을 도우며 같이 성장을 해갔다.

처음 의원실에 들어간 지 며칠 안 되었을 때 일어난 일이다. 사무실에 전화가 한 통 왔고, 수화기 너머의 사람은 본인이 정갑윤 의원을 잘 안다며 전화를 바꿔달라고 했다. 아직 일을 시작한 지 얼마 안 되어 사무실 분위기 파악도 못한 내게 그분은 의원님과 너무나도 잘 아는 사이인 것으로 보였고, 바로 전화를 돌렸다.

문 밖으로 들려오는 정갑윤 의원님의 대화 소리는 민원인에게 매우 친절하였고, 이런 일로 전화를 줘서 고맙다고까지 하셨다. 곧장 전화를 마친 의원님께 잘 아시는 분이셨는지 여쭤보았더니 "전혀 모르는 분이네"라고 말씀하셨다. 순간 '아차 큰 실수를 했구나' 하며 마음을 졸이고 있는 내게, 별다른 말씀 없이 되려 민원인이 안타깝다고만 하셨다.

후에 알고 보니, 그분은 그저 본인이 울산 출신이기에 무작정 울산 국회의원실로 전화한 것이고, 삶의 애환과 넋두리를 푸념하듯 늘어놓고 계시는 이분 이야기를 정갑윤 의원님은 진심으로 들어주셨던 것이었다. 시종일관 매우 친절하게 응대하며 이런 일로 전화를 줘서 고맙다고 답변하시는 의원님의 목소리를 잊지 못하고 있다.

강원도가 고향인 내가 종종 울산지역 사투리를 알아듣지 못하여 두, 세 번 묻고 헤맬 때, 의원님은 짜증 한 번 내지 않으시고, 친절하게 반복하여 말해주셨다. 남들에게는 매우 사소하게 보일 부분이지만, 나는 의원님의 섬세함과 인정을 느낄 수 있었던 일이었고, '남다른 분이다'는 생각을 처음 했던 것 같다.

의원님은 잠시 지나치는 인연조차 소중히 여기는 분이셨다. 의원실에 방문한 사람들에겐 시간에 맞춰 같이 식사를 하셨고, 여의치 않으면 손에 음료라도 들려 보내셨다. 한 번은 생계로 간절하게 도움이 필요한 듯한 인상의 여성분이 의원실을 찾았다. 의원님은 생면부지(生面不知) 방문객으로, 누구의 소개인지, 어떤 목적인지 전혀 모르는 상황에서 무작정 사무실을 찾아온 그분의 이야기를 그저 묵묵히 들어주셨다.

정갑윤 의원님은 그분의 간절함을 읽으셨는지 그로부터 며칠 뒤, 수행비서와 함께 아현동에 사시는 그 여성분을 찾아가 마음을 전달해주고 왔다는 이야기를 들었다. 지금의 아현동은 재개발로 높은 아파트들이 들어찼지만, 당시에는 차 한 대도 지나가기 힘든 비탈진 좁은 골목에 위치한 집이었다고 한다. 이런 면면을 보면 의원님은 상하좌우 없이 모든 사람에게 똑같은 애정을 보이던 분이셨다.

또한, 의원님께서는 의원실 직원을 늘 가족처럼 대해 주셨다. 의원님의 일정에 강원도로 갈 일이 있으면 반드시 꼭 시간을 내어 속초에 계시는 우리 부모님을 뵙고 오셨다. 일례로 한나라당 재해대책위원장이었던 2005년, 강원도 낙산사에 대규모 산불이 일어났다. 중국에 공무출장 중이셨던 의원님은 소식을 듣자마자 신속히 귀국하여 당시 박근혜 당대표를 모시고 양양 현장을 찾았다.

그리고 아버지로부터 정갑윤 의원님과 회 한접시를 했다는 연락을 받았다. 알고 보니 의원님은 대표단과 엄청 빠듯한 일정을 끝내고 땀범벅인 채, 양양 가까이 계신 속초 부모님을 찾으신 것이었다. 으리으리한 식당도 아닌 활어장 앞에 돗자리를 깔고 바다를 안주삼아 오가는 시민들과 인사를 나누며 소주 한잔 기울이셨다는 것이었다. 아버지는 하루를 소탈하게 씻어내며 진정 서민을 대표하는 의원님의 모습에 감명받으셨다는 말도 전했다.

실제로 의원님은 나를 '서울의 딸'이라 부른다. 나 역시 의원님을 '아버지'라 여긴다. 이런 세심한 배려가 누구 한 사람에 치중한 것이 아닌 직원 모두에게 똑같이 이뤄진다는 점에서 (직원 가족의 대소사까지 다 챙겨주시는) 정갑윤 의원님의 대단한 면모를 느낄 수 있다. 또 국회 의원회관에서 근무하는 모든 보좌진 직원들이 부러워한 일인데, 선거가 끝나면 고생했다며 의원실 직원 모두 단체 해외여행을 보내주셨고, 늘 격려를 해주시며 직원들 간의 단합과 신뢰가 중요하다며 보듬어 주셨다. 이건 단언컨대 300명 국회의원 중에 정갑윤 의원님만이 할수 있는 일이 아니였을까 싶다.

인간적인 면모와 더불어 업무 능력도 탁월하셨다. 대한민국 국회 부의장까지 했다는 것으로 모든 것을 대변해준다. 의원님의 최대 장점은 모든 사안을 손수 챙긴다는 것이다. 지치지 않는 체력과 상황 판단 능력으로 수많은 안건을 놓치지 않고 순리대로 처리해 나갔다.

특히 의원님은 '협치(協治)'의 귀재로 불린다. 사람들을 아우르고 의견을 일치시키는 능력은 이 분야에서 단연 최고라고 할 수 있다. 오랜 기간 의정활동에서 어떠한 문제도 없었다. 결단력과 신중함을 동시에 갖췄기에 가능한 일이다. 여야 국회의원 모두가 좋아하는 선배이자 동료 정치인이었다.

정갑윤 의원시절부터 부의장실까지 함께한 보좌진

● 좋은이웃 정갑윤입니다

또한, 내 주머니 사정보다 남을 가장 먼저 생각하는 큰 분이셨다. 명절이나 특별한 날엔 자신의 사비로 국회를 지키는 방호과 직원들과 국회 경비대 전경들에게 마음을 쓰셨다. 더운 여름에는 환경미화원분들에게 뜨끈한 삼계탕 한 그릇과 함께 "더위를 이기자"며 직접 삼계탕집을 예약하셨다. 이러한 것들은 단순히 유권자들의 '표'를 의식한 행동이 아니다. 그저 정갑윤 의원님의 진심이 담긴 행동이었다.

의원님과 함께한 시간을 마무리하면서 마지막까지 남들에게 베풀기만 하신 덕에 남은 것이 거의 없다는 사실이 매우 속상하여 혼자 눈물 흘리고 있는 나에게 의원님은, 이렇게 나누며 베풀고 살아온 정치인생이 후회없이 가장 행복했노라고 마음으로 다독여 주시는걸 고스란히 느낄수 있었다. 지금도 태생적으로 그럴 수 없는 분이란 것을 알지만 남보다 자신을 먼저 챙기셨으면 하는 바램이 크다.

그의 '서울의 딸'로서 무엇보다 건강하게 마지막까지 의원님의 임무를 완주하시길 바랄 뿐이다. 의원님을 모실 수 있었다는 것은, 나에게 가장 큰 행운이었고, 이러한 분을 지역의 큰 어른으로 모실 수 있는
울산시민 역시 행운일 것으로 생각한다.

<의장님께 드리는 편지>

의장님께서 몸소 알려주신 사람의 인연을 소중히 여기며 존중하는 마음 저도 잘 간직하고 있습니다. 앞으로도 계획하시는 모든 일들 이루시길 간절히 기도하고 응원하겠습니다.
의장님 존경하고 사랑합니다!!!

시민 한분 한분은
정갑윤의 가족입니다.

좋은이웃 정갑윤

정갑윤의 영원한 울산 사랑이야기

07 | 대한민국 명사가 본 정갑윤

국민의 행복과 안전을 가장 먼저 생각합니다.

- **유인태** 대한민국 국회 사무총장(前)
- **김성원** 국민의힘 원내수석부대표
- **원혜영** 5선 국회의원(前)
- **안병길** 국민의힘 국회의원
- **서원호** 세림특허법인 대표변리사, **조은지** 파트너 변리사
- **이상림** 공간그룹 대표

유인태 대한민국 국회 사무총장(前)

정확하게 할 말은 하면서도 서로 간에 불필요한 짜증을 유발하지 않는, 그러니까 그는 무척 성숙한 '대화의 기술'을 구사하는 훌륭한 정치인이었다.

(전)대통령비서실 정무수석비서관
(전)제32대 국회 사무처 사무총장
(전)19대 국회의원 / (전)새정치민주연합 인재영입위원장
(전)17대 국회의원 / (전)통합민주당 최고위원
(전)대통합민주신당 최고위원

정갑윤 부의장과 가까이에서 함께 일을 했던 것은 17대 국회(2004~2008년) 때였다. 그때 당시의 한국 정치판은 지금과는 사뭇 달랐다. 지금처럼 당의 이해관계에 따라 철저하게 대립하고 국회가 정회와 파행을 일삼지는 않았다. 그때에도 물론 여와 야가 나뉘어 때론 갈등하고, 사안에 따라 목소리를 높이는 경우도 있었다. 그러나 적어도 국가적인 사안, 민생 앞에 우리는 목소리를 낮추고 서로의 입장을 들어보기 위한 노력을 할 줄 알았던 시기였다. 여당과 야당이 상대를 정치적 파트너로서 인정하고, 존중하며 국회의 운영을 원만하게 이끌어가야 한다는 생각을 공유하고 있었다.

● 좋은이웃 정갑윤입니다

행정자치위원회 상임위원장으로서 나의 생각도 그랬다. 당시 나의 소속 정당이었던 열린우리당이 여당이었는데, 비록 내가 여당 소속 의원일지라도 야당을 더욱 존중해주고, 발언 시간이나 순서 안배 등에 있어 오히려 야당을 우선적으로 배려해주고자 했었다. 외려 동료 여당 의원들이 '너무 야당 먼저 챙기는 것 아니냐'며 투정 섞인 항의를 할 정도였다.

당시 나는 국회 행자위 상임위원장을 맡았었고 정갑윤 부의장이 간사를 맡고 있었다. 그때를 기억하면 참 모든 것이 자연스럽고 원만했다는 생각이 든다. 특히 우리 행자위는 대화와 타협 속에 원만하게 운영됐는데, 거기엔 정갑윤 부의장의 소통 방식이 일조했다고 생각한다.

NEWSIS   2008.05.20.

이야기 나누는 유인태위원장과 정갑윤간사

20일 오전 국회 행정자치위원회에서 열린 경찰청 소관 업무보고에서 정갑윤 한나라당 간사가 유인태 위원장(오른쪽)과 이야기를 나누고 있다.

여야 간 성숙하게 대화로 풀어갈 줄 알던 사람

정 부의장은 무엇보다 말 한마디 따뜻하게 할 줄 아는 사람이다. 여당 의원과 야당 의원이 얼마나 갈등하고 언쟁을 벌일 일이 많았을까만, 정 부의장과의 대화에선 단 한 번도 말로써 서로 얼굴을 붉히고 감정을 다치게 했던 법이 없었다.

그렇다고 무조건 좋게 좋게만 일처리를 한 것도 아니었다. 정확하게 할 말은 하면서도 서로 간에 불필요한 짜증을 유발하지 않는, 그러니까 그는 무척 성숙한 '대화의 기술'을 구사하는 훌륭한 정치인이었다.

그런 인연으로 시작해서일까, 나와 정 부의장은 유독 소통의 합(合)이 잘 맞는 사이였다. 서로 다른 연고지, 다른 사회적 배경, 다른 정당으로 만난 관계지만 어쩔 땐 마치 오래 전부터 알고 지낸 지음(知音) 이상의 관계를 이어가곤 했다. 19대 국회에 들어서 문희상 전 국회의장(20대)과 정 부의장이 친분이 있었기에 우리 셋이 함께 여의도 어느 포장마차로 소주 한 잔 하러 다니고 그랬다.

여야가 달랐지만 그것보다 '상식'이라는 큰 틀 아래 인간적 대화를 나눌 수 있었던 사이였다. 소탈함과 상식이라는 공통의 우산 아래 우리는 허심탄회한 대화를 참 많이도 나눴다. 그런 대화들이 알게 모르게 여와 야의 협치에 긍정적 영향을 미쳤을 것으로 생각한다.

결국 정치의 본령(本領)은 국민 통합과 갈등 조정이 아닌가. 내가 본 정 부의장은 누구보다 그것을 잘 할 줄 아는 사람이다. 대화와 타협의 중요함을 알고, 마음에서 우러나오는 진실함으로 이를 실천할 줄 아는 사람이다.

● 좋은이웃 정갑윤입니다

*서로 적절히 양보하는 것이 좋은 정치의 출발이다.
안타깝게도 요즘의 여의도에선 이런 모습을 찾기 힘들어진 것 같다.*

좋은 정치의 시작은 여야 간 소통

서로 적절히 양보하는 것이 좋은 정치의 출발이다. 과거엔 그런 소통이 좀 됐는데, 요즘의 여의도에선 이런 모습을 찾기 힘들어진 것 같다. 여야 국회의원들이 사적으로 식사하는 일이 드물어졌다. 입장이 다른 사람들이 서로 교류하며 오해를 풀고, 간격을 좁히며 서로의 입장을 이해해 나가야 하는데 점점 척을 지며 상대방에 대한 분노만 쌓아가고 있다. 그러는 사이 우리 정치권을 향한 국민의 불신도 깊어가고 있다. 국민의 신뢰를 되찾기 위해선 여야 간 소통의 물꼬를 터야 한다. 상호 이해를 위한 노력이 시급하다.

그러고 보면 정치는 결국 '말'로 하는 것이다. 정치가 말 뿐이라는 의미가 아니다. 정치란 행위의 가치가 '말'이란 도구를 통해 전달된다는 의미다. 어떤 이는 같은 말을 해도 상대를 불쾌하게 한다. 또 어떤 이는 할 말은 다 하면서도 남에게 결코 상처를 주지 않는다. 정갑윤 부의장은 후자에 속한다. 그의 말은 표현이 부드럽고, 결코 감정적으로 상대를 자극하지 않는다.

요즘의 국회의원들이 이런 부분을 배우고 본 받을만하다고 생각한다. 정치는 서로 생각이나 이해관계가 다른 사람들이 '다름'을 조율해가는 과정이다. 인구가 5000만이면 5000만개의 생각이 있는 것이다. 서로 내 주장만 해선 결코 아름다운 정치가 이뤄질 수 없다. 정갑윤 부의장의 소통의 지혜가 부쩍 그리워지는 요즘이다.

김성원 국민의힘 원내수석부대표

좌우나 상하 구분 없이, 타고난 균형감각과 책임감, 열정으로 의정활동을 하던 그는 나이에 상관없이 '언제나 젊은 정치인'이었다.

제20·21대 국회의원(동두천시·연천군) / 국회 운영위원회 간사
국민의힘 원내수석부대표 / 국회 환경노동위원회 위원
국회 윤리특별위원회 간사 / 국민의힘 국민통합위원회 부위원장
(전)국회 예산결산특별위원회 위원 / (전)자유한국당 대변인
(전)자유한국당 조직부총장

균형감각·책임감·열정 '삼 박자' 갖춘 정치인

20세기 '가장 위대한 사회학자'로 꼽히는 막스 베버는 자신의 역작 '소명으로서의 정치'에서 '정치인으로서의 요건' 세 가지를 말했다. 첫째는 균형적 판단이요, 둘째는 책임감, 셋째는 열정이다.

돌이켜보면 정갑윤 부의장님이야말로 한국 정치인 가운데 베버가 말한 이상적 정치인상에 가장 부합하는 인물이 아닐까 싶다. 좌우나 상하 구분 없이, 타고난 균형감각과 책임감, 열정으로 의정활동을 하던 그는 나이에 상관없이 '젊은 정치인'이었다.

● 좋은이웃 정갑윤입니다

나를 비롯한 후배 정치인들이 가장 존경하는 선배로 여기는 이유가 여기에 있다.

실제로는 국회부의장으로 직을 마무리하셨지만, 나는 항상 "의장님"이라 부른다. 그가 우리 대한민국의 국회의장으로서 가장 적합하다는 믿음 때문이다.

내가 정 부의장님을 가까이서 접하고 조금은 특별한(?) 연을 맺게 된 것은 내가 20대 총선을 통해 초선 의원으로 정계에 들어온 이후였다. 정 부의장님은 워낙 오랫동안 정치를 해온 분이시기에 나는 그를 익히 TV 화면을 통해 봐왔다. 지역적 연고도, 특별한 인연도 있었던 것은 아니었다. 그런 그와 매일 아침 국회 '건강관리실'에서 마주쳤다. 건강관리실은 국회의원들이 사용하는 헬스 시설인데, 정 부의장님은 매일 새벽 6시면 누구보다 가장 일찍 출근해 이곳에서 운동을 하는 것으로 유명했다.

초선의원으로서 부지런히 새벽 출근했던 나였기에 영광스럽게도 아침마다 정 부의장님과 자연스레 '운동 파트너'가 됐다. 5선 중진 의원이었던 그가 변함없이 철저히 자기관리를 하던 모습에 깊은 감명을 받았다. 그와 목욕도 같이하며 이런 저런 얘기를 많이 나눴었다. 그 한마디 한마디가 내게는 큰 가르침으로 지금도 깊게 새겨져 있다.

그는 항상 "국민의 입장과 나라의 입장에서 먼저 생각하라" "정파에 휘둘리지 말라"고 말했다. 그리고 위정(爲政)의 기준을 늘 국민에 두어야 함을 강조했다.

어떤 정치행위도 '국민을 이롭게' 하는데 그 중심을 두어야 한다는 말씀이었다. 그런 그로부터 국회의원으로서의 품격, 자세, 위민 의식과 같은 것을 배울 수 있었다. 초선의원으로서 어디에 가서도 받을 수 없는 귀한 '정치 수업'이었던 셈이었다.

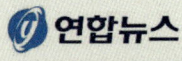 연합뉴스　　　　　　　　　　　　　2019.01.21

한국당, 오늘 전당대회 준비위 구성… 위원장 정갑윤

위원장은 정갑윤 의원, 부위원장은 김성원 의원이 각각 맡았다.

위원에는 강석진·이양수·송언석·송희경·윤종필 의원과 김숙향 전 새누리당 중앙위 지도위원, 이동환 홍익대학교 겸임교수 등 원외 인사 2명이 함께 임명됐다.

한국당은 지난 17일 전국위원회에서 '단일성' 집단지도체제 등 새 지도부 선출을 위한 전당대회 규정을 확정하고, 전당대회 개최를 위한 본격적인 준비에 착수했다.

궂은 일 자처했던 '국회의 어른'

그는 늘 솔선하는 선배 정치인이었다. 무게만 잡고 앉아 있을 수도 있었겠지만 그는 그러지 않았다. 2017년 박근혜 전 대통령 탄핵이 결정된 뒤 집권여당이었던 새누리

● 좋은이웃 정갑윤입니다

당의 누군가가 이 사태에 대한 책임을 져야 하는 상황이 벌어졌다. 당내에서도 '친박 책임론'이 불거지며 계파 갈등이 고조되던 무렵이었다. 친박계 중진으로 분류되던 정갑윤 부의장님은 그때도 자진해 상황을 수습하겠다고 나섰다. 2000년 16대 국회의원으로 정계 입문 후 단 한 번도 당을 떠나본 적 없던 당신께서 국회의 어른으로서 책임지는 모습을 보이며 '자진 탈당'을 한 것이었다. 그때 보여준 무한한 책임감이 후배 정치인들에게 두고두고 귀감이 되었음은 물론이다.

그런 그가 지금도 자신만의 도전을 이어가고 있다. 울산 중구 지역에서 5선 의원으로 받아온 울산 시민의 사랑을 자신만의 방식으로 되갚으려는 것은, 평소 내가 봐온 '젊은 정치인 정갑윤'으로서 지극히 당연한 행보다. 나는 그가 여전히 '젊은 감각'을 가진, 균형감·책임감·열정을 고루 갖춘 정치인임을 믿어 의심치 않는다.

요즘 한국 국회를 바라보는 국민들의 시선이 곱지 않은 것이 사실이다. 국회가 국민들의 신뢰를 잃은 것은 어쩌면 정치가 성숙 한만큼 성숙한 국민들의 눈높이에 맞지 않기 때문일지도 모른다.

나는 이것이 '속도'의 문제라고 본다. 우리 사회는 급속도로 변화하고 있다. AI, ICT는 인간의 인지능력이 따라가지 못할 수준으로 발전을 거듭하고 있다. 사회의 많은 영역이 빠르게 치고 나가는데, 유독 정치만 그 발전의 속도를 따라가지 못 하는 것 같다. 뒤처지고 도태되는 것이다. 그게 우리 정치가 국민적 신뢰를 얻지 못하는 이유 아닐까 생각한다.

국민들의 속도에 발 맞춰 속도감 있는 국회가 되겠다. 빠른 속도에 걸맞은 성숙한 정치문화를 조성해가겠다. 국민, 그리고 원로 정치인들에 부끄럽지 않은 균형감·책임감·열정을 두루 갖춘 정치인이 되기 위해 나도 각고의 노력을 기울이겠다.

원혜영 5선국회의원(前)

그는 자신이 잘 모르는 분야에 대한 빠른 이해력과 습득력, 그리고 편견 없는 태도를 가진 사람이었다. 시대의 요구에 민감하며, 의정활동 통해 선도적 역할을 하고자 하는 태도까지 갖춘 보기 드문 정치인이었다.

(현) 웰다잉시민운동 공동대표 / (현) 지식재산단체 총연합회 공동회장
(전) 더불어 민주당 공천관리위원회 위원장 / (전) 민주통합당 공동대표
(전) 제17대 국회 예산결산특별위원회 위원장
(전) 민선 제2대, 3대 부천시 시장 / (전) 풀무원 식품 창업

웰다잉, '죽음의 주도권'을 되찾다

우리가 살면서 유일하게 준비할 수 있는 인생 단계가 바로 '죽음'이다. 태어난 것은 어쩌지 못하지만 나의 죽음만큼은 미리 대비하고, 그 순간을 내가 원하는 방식으로 맞이할 수 있다. 하지만 대부분의 사람들이 그렇게 하지 못한 채 죽음을 맞이한다. 아니, 많은 경우 죽지도, 살지도 못한 채 비자발적으로 삶을 연장하거나 죽음을 미루고 있다.

오로지 목숨만을 부지하기 위한 연명치료가 우리에게 무슨 의미가 있을까. 무의미한

● 좋은이웃 정갑윤입니다

연명보단 품위있게 죽음을 맞이할 순 없을까. 나의 죽음의 방식을 내가 스스로 결정할 순 없을까.

죽음의 주도권을 되찾자는 취지에서 시작한 '웰다잉시민운동'은 이런 문제의식에서 출발했다. 연명치료 여부부터 장례절차, 사후 장기기증까지 죽음에 이르는 모든 과정에 있어 인간성을 회복하자는 것이다.

그 첫 걸음을 함께 내딛은 이가 정갑윤 부의장이었다. 19대 국회 당시 나의 제안으로 시작된 '웰다잉 문화 조성을 위한 국회의원 모임'이 그 출발점이었다. 당시 여당 대표가 정 부의장, 야당 대표가 나였으며, 여야 의원 35명이 뜻을 모아 연구모임을 발족하고 입법 활동으로까지 이어갔다. 회생 가능성이 없는 환자가 자기의 결정이나 가족의 동의로 연명치료를 받지 않을 수 있도록 하는 '호스피스·완화의료 및 임종 과정에 있는 환자의 연명의료 결정에 관한 법'은 그렇게 탄생했다.

정 부의장과 나는 여당과 야당 소속으로 만난 사이였지만, 초당적 안건 앞에 누구보다 뜻을 함께해왔다. 보라매병원 사건과 세브란스병원 김할머니 사건 등 환자의 연명치료의 포기 및 거부가 촉발한 굵직한 의료사건들이 연이어 터지던 시기였다. 높고 견고한 의료권력 앞에서도 환자의 자기결정권이 보장되어야할 사회적 필요성이 무르익어가던 시기였다.

정 부의장은 관련 법안 제정이 필요하다는 나의 제안에 깊이 공감하며 뜻을 모으기로 결정했다. 여당의 최고 원로 의원이 움직이자 다른 국회의원들의 참여를 이끌어내고, 사회적 분위기를 조성하기가 더욱 수월해졌다. 결국 유의미한 입법활동으로까지 이어지며 100만명 가까운 시민들이 연명치료의 중단을 결정하는 초석을 닦을 수 있었.

이 법안 제정을 둘러싼 여야의 공조는 지금도 '여야의 성공적 협치'로 많은 분들께

기억되고 있다. 국민들이 보기도 좋았고 선진적 입법도 용이했던 사례였다. 야당의 중심에 정 부의장이 존재했기에 가능한 일이었다고 감히 말할 수 있다. 그는 자신이 잘 모르는 분야에 대한 빠른 이해력과 습득력, 그리고 편견 없는 태도를 가진 사람이었다. 시대의 요구나 사회적 변화에 민감하며, 의정활동을 통해 그런 쪽에 선도적 역할을 하고자 하는 적극적인 태도까지 갖춘 보기 드문 정치인이었다.

그와 또 한 번 의기투합한 사안이 바로 지식재산권 문제였다. 지식재산권의 중요성은 이미 오래전부터 잘 알려져 있었고, 그 중요성이 빠르게 강화되고 있다. 이에 지난 2019년 시대적 변화 앞에 선도적으로 역할을 하자는 취지로 '대한민국 지식재산권(IP) 허브국가 추진위원회'를 발족해 또 한 번 여당과 야당 대표를 맡았다. 여기에 과학기술계 대표로 이광형 현 카이스트 총장까지 더해, 3인의 공동대표 체제로 갔다. 대한민국 지식재산권과 관련된 경쟁력을 높여 지식재산권의 허브 국가로 만들자는 것이었다.

이 위원회 역시 크나큰 결실을 맺었다. 전국 5대 고등법원 소재 법원에 지식재산권 전담 재판부를 신설하고, 과거 전국 모든 법원에서 진행했던 지식재산권 소송을 전담 재판부로 집중시키게 된 것이다. 지식재산권은 그야말로 고도의 정보·지식의 집약체다. 이 분야를 다루려면 폭 넓고 깊이 있는 전문지식이 요구된다. 여느 민사사건처럼 일반 재판부가 쉽게 판단을 내리기 어려운 영역이다.

일련의 법안을 함께 주도해 발의한 정 부의장과의 인연은 지식재산단체총연합회(FIPRO)로까지 이어졌다. 국내 200여개 지식재산(IP) 단체 및 협회와 500만 지식재산인들이 모인 이 단체는 국회와의 세미나 개최 등을 통해 정부와 민간의 융복합적 가교 역할에 나서는 한편 국내 지신산업의 글로벌 경쟁력 제고에 힘쓸 계획이다.

● 좋은이웃 정갑윤입니다

대한민국 국회를 '협치(協治)'로 이끌다

내가 그와 함께 했던 의정활동은 한 건 한 건 모두 협치의 모델로 꼽기에 손색이 없는 것들이었다. 물론 사안 자체가 정치적·이념적 이해관계를 뛰어넘는 것이기에 가능했겠지만 말이다.

그럼에도 여야가 함께 할 수 있는 일이 많다는 것을, 우리의 협치가 실천적으로 보여주었다고 생각한다. 무엇보다 실제 법안 제정이란 큰 성과를 거뒀다는 점에서 보람을 느낀다. 정 부의장과 같은 인격자와 함께 할 수 있어 새삼 감사함을 느낀다.

그는 싸울 건 싸우고 협력할 건 협력하는 자세를 갖춘 분이다. 선출 공직자로서 반드시 필요한 자세라 생각한다. 후배 정치인들에게 귀감이 될 만한 정치인임이 분명하다.

요즘 국민들이 보고 싶어 하고, 바라는 것은 결국 우리 사회의 발전, 시민의 안전과 안정을 위해 국회를 중심으로 한 정치권이 제대로 역할을 하는 것일 테다. 그 핵심에 여야의 협치가 있다. 선거와 같이 정치적인 행사로 인해 대립할 땐 대립하더라도, 민생 안전, 환경 개선 등 함께 힘을 모아야 할 부분에 대해선 당리당략을 제쳐두고 협력해야 한다. 여의도의 나아가야할 방향에 대해 다시금 생각하게 되는 요즘이다.

웰다잉시민운동
창립총회
/ 사진제공: 웰다잉시민운동

안병길 국민의힘 국회의원

정갑윤 부의장은 오래 전부터 정치봉사의 길을 걸어오신 분이다. 원로 정치인이지만 소탈하고 서민적인 그는, 내가 보기엔 요즘 시대의 정치에 더 맞는 정치인 같다.

(현) 제21대 국회의원(부산 서구동구)
(현) 국회 농림축산식품해양수산위원회 위원
(현) 국민의힘 정책위원회 제2정책조정위원회 부위원장
(전) 자유한국당 중앙위원회 해양수산분과위원장
(전) 부산일보 대표이사 사장, 발행인 / (전) 한국지방신문협회 회장

부울경 경제권의 통합으로 경제 번영 이룬다

울산은 부산, 경남과 함께 '부울경' 통합경제권으로서 대한민국 균형발전의 핵심이다. 부울경 지역은 근대 이후 도시가 발전하고, 행정구역이 나뉘면서 광역자치단체로 분화했지만, 사실 그 뿌리는 하나였다.

부울경은 오래 전부터 문화적·역사적으로 같은 정서를 공유해온 하나의 지역이었다. 하지만 행정구역이 나뉘면서 사람들의 이해관계도 나뉘어져버렸다. 이해관계가 나눠지니, 정서적 유대감도 나눠지는 듯 하지만 여전히 부울경 지역민의 의식 속엔

● 좋은이웃 정갑윤입니다

하나의 뿌리에서 나온 동질감이 남아 있음을 어렵지 않게 느낄 수 있다.

단일한 경제공동체로서 인구가 최소 1000만명 정도는 되어야 경쟁력 있는 지역 경제권이 된다고 한다. 대표적인 모델이 일본의 규슈 경제권이다. 규슈 반도에 있는 후쿠오카, 사가, 나가사키, 구마모토, 오이타, 미야자키, 가고시마의 규슈 7현에 오키나와현을 포함한 8현의 경제권을 말한다. 이 일대가 단일 경제권으로 뭉쳐 일국의 경제권에 맞먹는 지역경제권을 형성한다. 규슈 경제권은 중국, 한국, 일본 본토를 연결하는 데 지대한 역할을 하고 있다.

부울경이 하나의 경제권으로 통합한다면 물 사용, 대기업 항만건설 등 현재 첨예한 이해관계 대립으로 갈등을 유발하는 많은 문제를 해결할 수 있다. 나아가 글로벌 산업 시대에 걸맞은 경쟁력을 갖출 수 있다. 물류 경제는 이미 한 나라의 국경을 뛰어넘었다. 더 이상 단일 도시경제권만으론 글로벌경제권에 대항할 수 없다. 중국 상해, 일

매일경제   2021.02.25

부울경 "경제·행정 묶어 지역총생산 2배로"

◆ 文 가덕도 방문 논란 ◆

부산·울산·경남(부울경)은 동남권에 인구 800만명 규모 메가시티(초광역도시) 생활권을 조성해 20년 뒤에는 지역총생산을 현재보다 2배 늘리겠다는 구상을 밝혔다.

25일 '메가시티 전략' 발표 행사에는 특히 여권 차기 잠룡 중 한 명인 김경수 경남지사도 참석해 메가시티 비전을 제시하며 눈길을 끌었다.

김 지사는 "부산신항 진해신항 가덕신공항과 철도로 조성되는 트라이포트(Tri-Port) 배후 지역을 고부가가치 복합물류·물류가공 산업단지로 만들고 국제물류자유도시를 연접해 동북아 스마트 물류 플랫폼을 구축하겠다"며 "울산·경남 창원의 우수한 수소 인프라와 관련 기업을 바탕으로 우리나라 최초의 수소경제권이 만들어질 수 있다"고 말했다.

본 규슈 등 이미 주변의 많은 나라들이 도시 간 경제권 통합을 통해 산업경쟁력을 갖춰나가고 있다.

우리나라엔 서울을 중심으로 한 수도경제권 뿐이다. 이런 중앙집권형 유일무이 도시 경제권만으론 글로벌 차원의 경쟁에서 결코 앞서갈 수 없다. 우리나라 차원에서도 균형 발전에 장애가 됨은 물론이다. 균형발전은 우리나라 집권 정부의 숙원사업이어 왔다. 부울경 경제공동체란 말이 나온 지도 벌써 20여년이 지났다. 부울경 통합경제권은 대한민국 균형발전 측면에서도 반드시 이룩되어야 한다.

다행히 지난해 '지방자치법 전부개정안' 이 연말 국회를 통과하면서 부울경 대통합을 향한 법적 근거가 마련되었다. 개정안에는 특별 자치분권 강화를 위한 주민자치 원리 강화, 지방의회 독립성 강화 등 내용이 담겼다.

부울경 경제공동체는 특별자치단체를 통한 행정연합을 추구하고 있다. 부울경 각각의 의회에서 공동으로 재정을 지출하고, 부울경을 위한 별도의 의회를 구성하는 일종의 지역 연방제다. 이 지역에 R&D 기관 및 대학 유치, 공단 개발, 하수 처리와 같은 환경문제 등 광역적 수요의 행정을 처리하고, 공동의 번영을 위해 연합을 하자는 것이다.

부울경 특별자치단체의 설립은 20년 전부터 꿈꿔왔던 경제통합의 시발점이 될 수 있다. 모두가 큰 기대를 걸고 있으며, 다음 단계를 위한 논의가 활발히 진행 중이다. 정파를 넘어 대한민국 균형발전과 부울경 지역경제 성장을 위해 초당적 협치가 필요하다.

'소통, 현장, 서민'. 내가 정치에 입문하며 내건 키워드인데, 정 부의장은 이미 오래 전부터 실천하고 있던 것이다. 당신께선 가식 없이 두루 잘 소통하시는 분이다. 그의

'서민정치'로서의 면모는 특히 명절 때 확인할 수 있다. 국회 내 청소미화원, 방호원 등, 어쩌면 국회 안에서 가장 소외된 이들에게 매년 명절 때만 되면 가장 먼저 손 내밀고 선물을 하던 분이었다. 그런 그의 모습을 보고 자란 나도 이번에 소박하게나마 계란 선물을 돌리기도 했다. 이런 것은 그가 정치문화에 남긴 긍정적 정치 유산의 일각에 불과할 것이다.

정치는 국민에 대한 무한 봉사다

정치라는 게 더 이상 '권력' 또는 '권한'이기만 한 시대는 지났다. 오늘날엔 '정치봉사'란 개념이 더욱 적합하다. 정치는 유권자들을 위한 봉사다. 진정한 봉사는 마음을 담은 진솔한 것이듯, 정치 역시 그래야 한다. 여야가 국가적 현안을 놓고 치열하게 다투고 싸우더라도, 그 중심에 국민이 있음을 잊지 않고 협력의 끈을 놓아선 안 될 것이다. 정치는 국민에 대한 무한 봉사다.

정갑윤 부의장은 오래 전부터 정치봉사의 길을 걸어오신 분이다. 원로 정치인이지만 내가 보기엔 요즘 시대의 정치에 더 맞는 정치인 같다. 권위주의적인 모습보단 소탈하고 서민적인 모습이 더 많은 분이다. 후배 정치인으로서 존경하는 마음을 가질 수밖에 없는 분이다.

서원호 대표변리사 / 조은지 파트너변리사

4차 산업혁명 시대에 맞게 한국판 지식재산 뉴딜의 판을 새로 짜야 한다. 지식재산권은 그 핵심 사안이 되어야 한다. 대한민국의 글로벌 경쟁력 제고를 위한 발판 마련이 시급하다.

<특허법인 세림> WWW.SUPAT.COM
설립일 1984년 2월 8일 / 서울시 서초구 강남대로 285 태우빌딩
주요거래처 : 삼성전자(주) / 현대자동차(주) / (주)만도 / (주)포스코 / CJ(주) 등

서원호 특허법인 세림 대표변리사

특허강국 한국, 국제특허출원 세계 4위

기술은 계속해서 발전하고 있다. 그 말은 누군가가 지속적으로 기술에 자금과 시간을 투자하며 연구개발을 이어가고 있다는 의미다. 기술의 발전엔 특허권이 필연적으로 따라간다. 특허권은 오늘날 한 사회의 기술력을 가늠하는 잣대이자, 국제경쟁력의 척도다.

ICT 주도국가인 대한민국 역시 특허강국으로 성장하고 있다. 특허청에 따르면 한국은 지난해 중국, 미국, 일본에 이어 세계지식재산기구(WIPO) 국제특허출원에서 세계

● 좋은이웃 정갑윤입니다

4위에 올랐으며 국제특허출원 건수도 사상 최초로 2만 건을 돌파했다.

이에 따라 지식재산권의 중요성 역시 커지고 있다. 특허권, 상표권, 디자인권, 실용신안권 등을 포함한 산업재산권에 저작권과 신지식 재산권이 합쳐진 개념인 지식재산권은 관련 법령 또는 조약 등에 따라 인정 및 보호받을 수 있는 권리를 말한다. 지식재산권을 행사하게 되면 해당 기업 및 개인에게 있어 시장에서 독점적 지위를 보장해준다. 이로써 지식재산권 보유자는 글로벌 경쟁에서 우위에 설 수 있으며, 경제활동에 활력을 더해준다.

그런데 대한민국은 특허 건수에 비해 지식재산과 그 권리에 대한 제대로 된 가치 인식이 부족한 상황이다. 지식재산권을 다루는 일은 고도의 전문성을 요하지만, 비전문가가 '전문가'를 사칭하며 활동하는 경우도 왕왕 발생하고 있다. 인터넷에서 '특허출원 대리' '상표출원 대리' 등을 내세우며 전문지식이 부족한 소상공인, 소비자들을 우롱하는 비전문가들이 많은 분야기도 하다.

특허제도는 4차 산업시대를 앞둔 지금, 국가경제에 기여하는 바가 크다. 특히 한 나라의 경제를 주도하는 대기업 성장에 있어 매우 중요하다. 애플의 창업자 스티브 잡스는 "세상은 아이폰 출시 이전과 이후 완전히 달라졌다"고 말한 바 있다. 실제로 스마트폰의 출현은 인간의 삶의 방식에 지대한 영향을 주며, 기술사적으로 뿐만 아니라 인류사적으로도 한 획을 그었다. 한 손에 쥘 수 있는 이 작은 기기는 그러나 셀 수 없이 많은 특허로 이뤄진 것이었다. 세계 스마트폰 시장을 주도하는 삼성전자와 애플의 경쟁력을 보호함에 있어서 고유의 기술에 대한 특허권이 기여한 바가 크다. 특허가 이들 기업에 독점적 위치를 부여하고 보호한 셈이다. 반도체, 2차전지, 자율주행 자동차 등 모든 기술산업이 마찬가지다.

지식재산권 전문재판부 신설로 지식재산권 전문 역량 강화

정갑윤 부의장은 일찍부터 지식재산권의 중요성에 눈을 뜨고, 우리나라가 이 분야의 강국으로 거듭날 수 있도록 발판을 마련하였다.

정갑윤 부의장이 공동대표를 맡았던 '대한민국 지식재산권(IP) 허브국가 추진위원회'의 입법활동은 무척이나 큰 가치를 지닌다. 국내 5대 고등법원 소재 법원에 지식재산권 전담 재판부를 신설한 것은 특허를 포함한 지식재산권에 대한 사회적 인식이 무르익기 시작했다는 신호로, 우리나라 산업사에 중요한 사건으로 기록될 것이다. 관련 분쟁을 보다 체계적, 전문적으로 다룰 수 있는 역량이 생긴 것이다.

조은지 특허법인 세림 파트너 변리사

여기에서 한 발 더 나아가려면 법원에서 변리사들의 참여권을 증대해야 할 것이다. 지식재산권의 전문성을 인정해 법원에 전담부서를 신설하면서, 정작 이 분야 전문자격을 갖춘 변리사는 침해소송에서 배제되고 있는 것이 현실이다.

지식재산권을 다룰 때 가장 기초적인 것은 해당 기술을 이해하는 것이다. 그런데 빠르게 변화하는 기술의 원리를 비전공자가 단숨에 이해하기란 불가능하다. 기술 기반의 전공을 가지고 발전 사항을 꾸준히 '팔로우 업(follow-up)'하여 판단할 수 있는 변리사들이 침해소송에서 적극적인 역할을 하는 것이 바람직해 보인다.

사실 우리나라는 지식재산권 침해 소송 자체가 비활성화되어 있다. 아직 이 분야에 대한 사회적 인식이 부족한 탓이다. 하지만 그렇다고 제도마저 미흡할 순 없다. 기술

강국으로서 그 지위를 유지하려면 무엇보다 지식재산권 분야 제도의 재정립이 필요하다.

지식재산권 역시 보호받아야 하는 무형의 재산임을 주지하고, 이를 기반으로 발전을 이어가야 한다. 정책결정자들께서 입법 취지에 맞게 제도를 활성화할 방안을 구체적으로 고민해주셨으면 한다.

4차 산업혁명 시대에 맞게 한국판 지식재산 뉴딜의 판을 새로 짜야 한다. 지식재산권은 그 핵심 사안이 되어야 한다. 대한민국의 글로벌 경쟁력 제고를 위한 발판 마련이 시급하다.

이상림 공간그룹 대표

가진 것을 활용하되, 놓친 것은 과감히 건너뛰는 용기가 필요한 시기다. 오랜 문화 예술에 새롭게 숨을 불어넣으며 한편으로 첨단 기술을 도입한다면, 울산은 다시 한번 상승 도약할 수 있을 것이다.

(현)공간그룹 대표 / (현)한국건축가협회 명예회장
(현)미국건축가협회 명예회원 / (현)일본건축가협회 명예회원
2020년 한국리모델링건축대전 준공부문 대상 (청주연초제조창 도시재생사업)
2012년 문화예술발전 유공자 화관문화훈장
2005년 한국건축문화대상 비주거부문 대상 대통령상
2002년 한국건축문화대상 대통령상

도시로서의 울산을 생각하다

도시의 문제는 복합적이다. 단순히 주택문제를 넘어 교통·교육·의료·관광·환경 등 인간의 삶과 관련된 모든 문제를 포함한다. 따라서 '도시의 미래'를 구상할 땐 도시를 구성하는 모든 요소들을 고려해야 온전한 그림을 그려낼 수 있다.

이런 차원에서 '울산'을 생각해보자. 당신이 '울산'을 생각할 때 가장 먼저 떠오르는 것은 무엇인가.

울산에 작은 선산이 있지만 자주 찾지 못하는 건축가의 눈으로 봤을 때 가장 인상적

● 좋은이웃 정갑윤입니다

인 요소는 '반구대 암각화'다. 울산광역시 울주군에 위치한 국보 285호 반구대 암각화는 한반도에 인간이 남긴 최초의 기록이다. 바위에 새겨진 사실적인 그림은 무려 7000년 전 신석기시대의 흔적이다. 대한민국을 떠나 세계적으로 매우 가치 있는 유형의 유산이다.

그런데 소중한 유물이 정작 그 고향에서 생각보다 천대를 받고 있음에 적잖이 놀랐다. 암각화 주변의 부지에 들어가려면 땅주인의 허락을 받아야 할 뿐만 아니라 매년 우기와 홍수 때만 되면 수개월씩 물에 잠기는 수모를 겪고 있다. 단순히 보존의 문제를 떠나 울산시가 얼마나 큰 자원을 가지고 있는지를 시민들에게 알릴 필요가 있다. 유네스코 세계유산 우선등재목록에 올랐지만, 최종 후보로 선정되기 위해 갈 길이 멀다고 할 수 있다.

울산의 미래는 울산이 가진 자원을 활용하는 데서부터 출발할 수 있다. 울산만 지닌 반구대를 도시 전면에 내세워 한반도에서 가장 중요한 지역으로 발돋움할 수도 있다. 반구대가 오랜 문화·예술 자원이라면, 좀 더 현실적이고 현대적인 자원도 있다. 울산의 산업도시로서의 역사다. 울산은 본디 작은 어촌 마을이었다. 지난 60년 새에 자동차·조선·석유화학 산업도시로 빠르게 성장해왔다. 이 기간 동안 울산은 명과 암을 모두 경험했을 테다. 산업단지에서 올리는 높은 소득율, 대한민국 경제의 근현대화를 이룬 주역, 이런 것이 명이라면, 환경파괴, 소득격차 등이 암이겠다. 밝은 것도, 어두운 것도 모두 중요한 역사다. 그런데 이 역사를 볼 수 있는 곳이 없다. 어딘가에 울산의 산업을 알릴 수 있는 산업관이 있다면 어떨까.

혹자는 "전국 광역시 중 유일하게 지하철이 없는 도시"라며 지하철 노선 착공을 선거 공약으로 내세우기도 한다. 하지만 지나간 것은 지나간 것이다. 음악을 재생하는 기기는 카세트테이프에서 시디플레이어로, 다시 mp3로, 스마트폰과 연결해 음악을 재생하는 스피커로 빠르게 변화해왔다. 이 중 중간 단계를 미처 거치지 못한 업체가 선발주자들을 따라잡으려면 어떻게 해야 할까. "남들도 다 했다"는 이유로 굳이 시디플레이어, mp3 개발부터 해야할까. 아니다. 중간 단계는 스킵하고 가장 첨단의 기술로 바로 건너뛰어야 한다. 그래야 지금이라도 경쟁력을 가질 수 있다.

도시의 발전 역시 그렇다. 지금 좀 불편해도 다음 미래도시의 모습으로 건너뛰면 되는 것이다. 드론, 하이퍼트램 등 후발주자이기에 할 수 있는 것이 더욱 많다. 가진 것을 활용하되, 놓친 것은 과감히 건너뛰는 용기가 필요한 시기다.

그렇다면 울산이 선택할 수 있는, 남들이 하지 않은 블루오션은 무엇일까. 나는 e-스포츠가 그 선택지 중 하나가 될 수 있다고 본다. 울산엔 e-스포츠가 발전할 여건이 제법 많아 보인다. 풍부한 기술인재들이 있는 도시 아닌가. 온라인 뿐만 아니라 오프라인에서도 e-스포츠 산업을 경험할 수 있는 공간을 만들 수 있다. e-스포츠 경기만 열리는게 아니라 좀 더 복합적인 e-스포츠 문화공간을 조성해볼 수 있다. e-스포츠의 하드웨어와 소프트웨어 전시장 또한 가능하다. 얼마 전 서울 여의도에 문을 연 '더 현대 서울'에 매일같이 인파가 몰리는 것은, 복합 문화공간에 대한 소비자들의 갈망을 방증한다.

과거의 유산과 미래의 가능성을 결합하라

요컨대 우리가 지금까지 알지 못했던 새로운 도시의 모습이 울산에서 태어날 수 있다. 울산은 미래형 도시로서 엄청난 잠재력을 갖고 있다. 환경친화적, 복합기술융합형 도시로 나아감에 있어 손색이 없는 조건을 갖췄다. 새로운 것과 오래된 것, 유형의

● 좋은이웃 정갑윤입니다

것과 무형의 것, 인위적인 것과 자연적인 것을 두루 갖추고 있다.

물론 한계도 분명 존재한다. 산업도시로서 발달했다는 건 결국 이 곳에서 충분한 돈을 벌지 못하면 사람들이 쉽게 떠나버릴 수 있음을 의미한다. 한 때 가장 많은 소득수준을 자랑하지만, 지역경제의 침체와 함께 인구수도 빠르게 줄어들었다. 정서적 측면에서 보자면 '애향심'이 부족한 지역이라 할 수 있다. 도시가 지속가능하려면 울산에 대한 애정을 가진 사람이 많아져야 한다.

도시학에는 상승하는 도시와 쇠퇴하는 도시, 유지하는 도시가 있다. 과연 울산은 어디에 속할 것인가. 10년 전까진 상승하는 도시였다면, 지난 10년간은 아마도 정체하는 도시였을 테다. 그 다음은 결국 하강하는 도시가 되고 말 것인가.

울산이 하강도시가 되지 않으려면, 도시에 활력을 주입해야 한다. 인류의 역사에 있어 언제나 가장 큰 활력소는 '새로움'이었다. 오랜 문화·예술에 새롭게 숨을 불어넣으며 한편으로 첨단 기술을 도입한다면, 울산은 다시 한 번 상승 도약할 수 있을 것이다. 울산의 미래는 그것을 준비하는 사람에 달렸다.

< 공간그룹은 >

공간그룹은 1960년 설립 이후, 반세기가 지나는 동안 더 나은 건축 및 도시환경 구축과 문화발전을 위해 노력해왔다. 국내외 국가 행정기관, 단체와 기업 그리고 개인에 이르기까지 1000여 점이 넘는 건축 프로젝트를 성공적으로 수행했다. 공간그룹은 국내뿐만 아니라 하이데라바드, 알제리, 두바이, 마닐라, 알마타, 루안다 및 전 세계 30여 도시를 대상으로 건축과 도시 프로젝트를 수행하고 있다. 건축과 도시에 이르기까지 일관된 통합적 접근과 해결책을 찾고자 노력하고 있으며, 열정과 경험과 전문성을 바탕으로 최고가 되고자 노력하는 기업이다.

서울중앙우체국 (2008)

알펜시아스키점프 (2005) 잠실올림픽주경기장 (1984) 불광동성당 (1985)

● 좋은이웃 정갑윤입니다

노량진 수산물 도매시장 (2016)

부산아시아드주경기장 (2001)

서울법원종합청사 (1989)

좋은이웃
정갑윤

정갑윤의 영원한 울산 사랑이야기

08 대한민국 발전과 울산시민의 더 나은 삶을 만들기 위해 정계에 투신하다

대한민국과 울산의 발전을 위해 힘껏 달려왔습니다.

▶ 대한민국 국회의원 18년

▶ 울산시민을 위한 의정활동
  - 태화강 국가정원 지정
    박문점 울산중구 상인연합회장
  - 암센터 건립
    정융기 울산대학교병원 병원장
  - 치매센터 설립
    김성률 동강병원 울산광역시 광역치매센터장

▶ 울산광역시 최초의 대한민국 국회의장을 꿈꾸다

대한민국 국회의원 18년

18년 동안 대한민국과 울산의 발전을 위해 힘껏 달려왔다. 국회의원 임기 중 그 누구보다 열심히 우리나라 살림과 국민의 삶을 개선하는데 도움이 될 민생·경제·나눔 법안들을 폭넓게 마련해왔다.

대한민국 국회를 예방한 시진핑 중국 국가주석을 맞이하는 정갑윤 부의장

● 좋은이웃 정갑윤입니다

학자의 성과에 대한 평가는 그가 발표한 논문으로 하고, 판사가 훌륭한가 여부는 그가 내린 판결문을 놓고 한다. 국회의원이 얼마나 열심히 일을 잘 했는지는 입법활동을 보면 알 수 있다.

나는 2002년 12월 대한민국 제 16대 국회의원으로서 첫 발을 내딛은 뒤, 제17대·제18대·제19대·제20대까지 18년 동안 대한민국과 울산을 위해 힘껏 달려왔다. 국회의원 임기 중 그 누구보다 열심히 우리나라 살림과 국민의 삶을 개선하는데 도움이 될 법안들을 마련해왔다. 지난 20대 국회 때에는 총 78건의 제정 및 개정안을 대표발의했으며 이 가운데 25건이 본회의를 통과했다. 울산지역 의원 가운데 나만큼 많은 법안을 발의하고 또 통과시킨 이는 없을 것이다.

우리나라의 세계 경쟁력 제고를 위한 지식재산기본법 개정안부터, 대형마트 확산과 코로나19 발발로 힘들어진 전통시장 육성을 위한 특별법, 중소기업 활성화를 위한 법인세법, 20대 국회 1호 법안으로 통과한 나눔활성화법까지 다방면의 입법활동을 통해 국가 경제 발전과 민생 안전에 이바지해왔다고 자부한다.

반기문 유엔사무총장 접견

박근혜 (전)대통령과 함께

경제입법	민생입법	나눔입법
• 조세특례제한법 • 소득세법 일부개정법률안 • 법인세법 • 부가가치세법 • 상속세 · 증여세법	• 지식재산기본법 • 법원조직법 • 풍수해보험법 • 전통시장 및 상점가 육성을 위한 특별법 • 통신비밀보호법 • 골재채취법 • 태평양전쟁 전후 강제동원 희생자 지원법안 • 119구조 · 구급에 관한 법률안 • 10 · 27법난 피해자의 명예회복 등에 관한 법률 일부개정법률안 • 민사소송법 일부개정법률안	• 나눔활성화 및 지원에 관한 법률 • 장기 등 이식에 관한 법률 일부개정안 • 호스피스 · 완화의료 및 임종과정에 있는 환자의 연명의료결정에 관한 법률 일부개정법률안

지식재산권 강국으로의 발판을 마련

'기술력이 곧 국력'인 글로벌 경제 시대에 지식재산권의 중요성은 날로 커지고 있다. 온라인으로 국경없이 상거래가 이뤄지면서, 우리의 경쟁력 있는 상품을 위조 · 불법복제한 상품도 기승을 부리고 있다. 온라인 위조상품 시장은 2020년 이미 1000조를 넘어섰다는 추산이 나온다. 이런 환경 속에서 지식재산권은 우리 기업이 세계무대에서 해외 기업들과 경쟁을 함에 있어 그 기술을 보호하고 경쟁력을 강화하는 무형의 무기다. 이런 이유로 세계 각국은 앞장서 지식재산권을 보호하기 위한 제도적 방안을 마련하고 있다.

● 좋은이웃 정갑윤입니다

특히 특허권, 디자인권, 상표권 등 지식재산권 분쟁이 국제화됨에 따라 관련 소송이 세계 각국에서 동시다발적으로 진행되면서, 특허소송은 파급효과가 500조원이 넘는 법률 시장으로 성장했다. 세계 각국이 특허소송 주도권 경쟁을 벌이고 있다. 우리나라는 기술력에 비해 지식재산권에 대한 사회적 인식이나 법적 안전장치 마련이 다소 미흡한 상황이다. 대한민국 특허법원 사건 중 외국(법)인이 당사자인 사건이 전체의 30%를 넘었지만 한국은 이 시장이 전무한 실정이다.

내가 2015년 원혜영 의원(전 · 새정치민주연합)과 함께 민사소송법 · 법원조직법 · 특허법 개정안을 공동 발의한 배경이다. 특허소송 손해배상을 현실화하고 특허 관련 소송의 전문성을 제고하기 위함이었다. 당시만 해도 특허 관련 소송이 일반사건들과 섞여 민사재판부에 배정되고 있었다.

지식재산공로상패

대한변리사협회 회장에게 공로상패 받는 정갑윤 부의장

이 개정안은 특허권 침해에 대한 손해배상 청구권의 근거 규정을 명시하고, 고의로 특허권을 침해하는 경우 손해배상액의 3배까지 책임을 물을 수 있도록 했다. 특허 관련 소송은 고등법원 소재지의 지방법원이 전속 관할하도록 했다. 특히 2017년 국회 본회의를 통과한 법원조직법에 따라 우리나라에 아시아 최초의 IP국제재판부를 신설했다. 영어 등 외국어 변론 및 증거 제출이 가능한 재판부다. 당시 IP국제재판부가 우리나라에 가져올 경제효과는 5년간 1조1530억원으로 추정됐다.

또 매년 9월 4일을 '지식재산의 날'로 제정해 국민의 지식재산에 대한 이해와 관심을 높였다. 대한민국의 국제적 사법접근성을 강화하고 법원의 전문성을 제고함으로써 대한민국이 국제 지식재산권 관련 분쟁 해결의 중심지가 되기 위한 기초적 발판을 마련하게 되었다.

누구나 존엄하게 죽을 권리를 보호

사람은 자신의 출생은 어쩌지 못하지만 자신의 죽음은 미리 준비할 수 있다. 죽음의 순간에 어디에서 어떻게, 누구와 함께할 것인지를 스스로 결정하고 이에 따라 '존엄하게 죽음을 집행할 권리'가 있다. '웰다잉(well-dying)'이다.

'존엄하게 죽을 권리'는 2009년 이른바 세브란스병원 '김할머니' 사건이 언론에 보도되며 우리 사회에서 본격적으로 논의되기 시작했다. 연세대 세브란스병원에 입원한 김할머니가 식물인간 상태에 빠지자, 그 가족들이 무의미한 연명 치료를 중단하고, 품위 있게 죽음을 맞을 수 있도록 해 달라고 병원에 요청했다. 그러나 병원은 환자에 대한 연명치료를 중단한 의사에게 살인죄를 물은 보라매병원 사건을 예로 들며 이를 거부했고 결국 김할머니 가족들이 병원을 상대로 소송을 제기하게 된 사건이다. 당시 존엄사를 둘러싸고 긍정의 여론과 동시에 생명경시 풍조 확산에 대한 우려도 제기된 바 있다.

● 좋은이웃 정갑윤입니다

나는 원혜영 의원과 '웰다잉문화조성을 위한 국회의원모임'의 공동대표를 맡으며 2019년 '웰다잉법(존엄사법)'으로 불리는 '호스피스·완화의료 및 임종과정에 있는 환자의 연명의료결정에 관한 법률'의 사회적 토대를 마련했다. 이 법은 회생 가능성이 없는 임종 단계의 환자가 자기 의사를 문서로 남겼거나 가족이 합의하면, 의사의 확인을 거쳐서 무의미한 연명치료를 중단하도록 하는 것이다. 존엄사법은 1998년 처음 논의된 이후로 18년 만인 2016년에 국회를 통과, 2년 유예 기간을 거쳐 2018년 마침내 시행되었다. 6만여명에 이르는 임종 환자들이 원치 않는 연명의료를 하지 않고 죽음 앞에 자기결정권을 지킬 수 있게 되었다.

이 법안의 통과로, 웰다잉은 빠른 속도로 우리 사회에 뿌리내리고 있다. 이제라도 환자들이 인간다운 죽음을 선택할 수 있고, 가족들에게도 고통을 덜어줄 수 있게 되어 참으로 다행이라고 생각한다.

가슴 아픈 역사의 피해자들을 지원

한일수교 후 40년 이상의 시간이 흘렀지만, 일제가 자행한 만행인 태평양전쟁 희생자들의 문제는 여전히 한일 양국의 해결 노력 없이 방치되어 있었다. 그 희생자들은 여전히 과거의 육체적·정신적 고통과 경제적 빈곤 속에서 아픔을 호소하고 있었다. 이를 해소하기 위해 국가가 지원할 법적 근거를 마련하고자 '태평양전쟁 전후 강제동원 희생자 지원법안'을 대표발의했다. 2006년 발의한 이 법안은 이듬해 7월 본회의에서 통과했다. 이 법안의 제정으로 일제강점하 국외 강제동원 희생자들에게 정부가 지원할 수 있게 법적근거를 마련할 수 있게 되었다.

울산시민을 위한 의정활동

울산에서 나고 자라온 나에게 울산을 위한 의정활동은 소명이자 기쁨이었다. 대한민국 산업의 기틀을 잡은 도시라는 자부심을 갖고 누구보다 자신있게 울산의 국회의원으로 뛸 수 있었다. 울산의 발전을 위한 예산 확보 등 지역 살림에 실질적으로 기여할 수 있었던 것은 국회의원으로서 당연한 임무이자 개인적으로 무한한 영광이기도 했다.

2012년 예산결산특별위원회(예결위) 위원장으로 있으면서 당초 울산에 배정된 예산에서 105% 이상 늘어난 1조1162억원을 최종적으로 확보했다. 국회부의장을 맡았던 2015년엔 울산지역 예산 2조1219억원을 확보하며 울산 최초로 2조원 예산을 돌파했다. 예결위원으로 있었던 2020년엔 울산 사상 최초로 3조원 예산시대를 열었다. 2019년 대비 28.2% 증가한 3조2715억원을 끌어오는 데 성공한 것이다.

때론 관련 정부부처와 유관기관을 직접 찾아서, 때론 나랏돈을 관할하는 기획재정부를 찾아가 직접 예산지출의 당위성과 필요성을 설득하는 힘든 작업이었다. 이렇게 어렵게 확보한 국책사업비 및 국가보조금 예산으로 지금의 울산이 만들어졌다고 생각하면 벅찬 감동마저 밀려온다. 울산의 현 모습을 만든 굵직굵직한 사업들을 추진하는 과정 속엔 조금이나마 나의 역할이 실려 있다고 자부한다.

● 좋은이웃 정갑윤입니다

태화강 국가정원이 지정되기 위한 정지작업에 앞장서다

울산시를 관통해 동해로 흐르는 태화강은 울산 시민들과 역사를 같이하는 소중한 환경자산이다. 이 태화강의 일대에 조성된 정원시설이 2019년 국가정원으로 지정되기까지는 많은 사람들의 노고가 있었다.

태화강 일대의 태화들은 1994년 울산시 도시기본계획을 수립할 당시 주거지역으로 변경되며 주거단지로 개발이 될 운명이었다. 당시는 생태학적, 자연환경적 인프라에 대한 사회적 가치가 충분히 인정받지 못하던 시절이었다. 그러나 독일, 프랑스 등 유럽 선진국에선 이미 도심 속 자연인프라가 주거환경에서 매우 중요한 역할을 하는 것으로 평가받고 있었다. 태화강과 들을 개발로부터 지켜내기 위해 '태화들 한 평 사기 운동'을 시작했고, 결국 성공적으로 우리의 자연환경을 지킬 수 있었다. 나는 당시 건설교통위원회 소속으로서 태화강을 국가하천으로 다시 편입시키고 하천의 복원과 국가정원 개발을 위한 국비 727억원을 확보했다. 이와 더불어 태화·우정재해위험개선지구 정비사업으로 347억원을 확보하기도 했다.

울산발전연구원은 태화강 국가정원은 울산에 5552억원의 생산유발효과, 2757억원의 부가가치유발효과를 가져올 것이며 5852명의 취업유발 인원을 확보할 것으로 전망하고 있다. 슬럼화되며 애물단지로 전락할 뻔했던 태화강 일대가 황금알을 낳는 거위가 된 셈이다.

태화강 떼까마귀

울산시민의 건강을 위한 의료복지 혁신을 지원하다

암센터, 울산권역별심뇌혈관센터 및 울산 광역치매센터의 유치는 울산의 숙원사업이었다. 의정활동을 하면서 울산과 서울을 자주 오가는 일이 많았는데, 서울로 가는 새벽 비행기에서 응급환자를 마주치는 일이 자주 있었다. 환자분과 그 가족분들의 이야기를 들어보면, "울산에 제대로 된 병원이 없어서 서울의 큰 병원으로 간다"는 것이었다. 이때부터 우리 울산에 전문적인 의료서비스를 갖추고자 하는 바람을 품었다.

2012년에 울산대학병원 암센터, 2019년에 울산권역별심뇌혈관센터를 성공적으로 개소하기에 이르렀다. 특히 울산권역별심뇌혈관질환센터 설치 예산 15억원을 유치하면서 울산 지역 의료복지에 상당한 기여를 했음을 자부한다. 울산권역별심뇌혈관질환센터는 심혈관센터, 뇌혈관센터, 심뇌재활센터, 예방관리센터를 운영해 심뇌혈관 질환의 예방과 치료, 재활까지 통합하는 의료서비스를 제공한다.

2016년엔 국가 치매정책 사업의 일환으로 보건복지부가 울산광역시 광역치매지원센터 설치 및 지원을 결정했고, 동강병원이 수탁기관으로 선정되었다. 당초 보건복지부는 국립대학병원이 있는 지역에만 광역치매지원센터를 수탁하기로 방침을 정했지만, 내가 국회부의장으로 있었던 당시 직접 보건복지부 장관과 면담 후

사진제공: 동강병원

기획재정부를 설득해 울산에도 광역치매센터가 지정될 수 있는 계기를 마련했다.

경제효과 8357억원! 장현도시첨단산업단지 예타 통과를 위해 발로 뛰다

변변한 1급 정비공장 하나 없던 중구에 장현도시첨단산업단지를 유치하는데 성공했다. 2015년 국회부의장 재임시의 일이다. 장현도시첨단산업단지는 면적 30만 제곱미터, 사업비 약 873억원 규모의 국가산업단지로, 지역특화 산업 R&D 및 ICT, 자동차·조선 관련 첨단 업체들이 이곳에 입주할 예정이다. 혁신도시에 입주한 기관의 연관산업(에너지) 지원 연구개발과 서비스산업 등도 이곳에 둥지를 틀 예정이다. 모두 미래의 울산경제 발전을 위한 중요한 밑거름이 될 산업이기에 그 유치에 각별히 신경을 써야 했다.

유치과정은 말 그대로 험난했다. 당초 예비타당성 조사 통과가 어려울 것이란 예측이 나오며 위기를 겪었다. 나는 한국토지주택공사, 국토교통부, 기획재정부, 한국개발연구원 등 관계자들과 일일이 만나 예타 통과를 설득했다.

장현도시첨단산업단지가 유발할 것으로 보이는 경제효과는 어마어마하다. 생산유발효과 8357억원, 고용창출 1000명, 취업유발인원 7437명 등에 달한다. 울산에 지역구를 둔 국회의원으로서 반드시 해결해야할 미션이었다. 마침내 2018년 7월, 장현도시첨단산업단지가 예타를 통과해 최종적으로 사업이 확정되었다는 소식이 들려왔을 때 누구보다 기쁜 마음으로 박수를 쳤다. 4차 산업혁명을 위한 울산의 큰 도약이 이곳에서 열매를 맺길 바란다.

※ 주요 예산 확보 활동 (20대 국회 기준)

- 장현도시첨단산업단지 진입도로 43억원
- 동천재방겸용도로 79억원
- 울산외곽순환고속도로 건설 11억원
- 국도7호선 단절구간 연결 101억원
- 혁신도시복합혁신센터 건립 20억원
- 고집적 에너지 산업응용 기술 R&BD 구축 27억원
- 혁신클러스터 조성사업 68억원
- 태화·우정재해위험개선 지구 정비사업 347억원
- 배수장·하수도·하천 등 정비사업 16억원
- 울산 콘텐츠기업 육성센터 조성 49억원
- 올해의 관광도시 사업 16.8억원
- 울산시립미술관 건립 30억원
- 경상좌도 병영성 복원 정비 29.3억원
- 전통시장 현대화 사업 183억원
- 울산스마일센터 건립 30억원
- 맞벌이부부 지원 다봄행복센터 건립 5억원
- 중구 보훈복지회관 건립 5억원
- 울산 전시컨벤션센터 건립 208억원
- 제2실내종합체육관 건립 84억원
- 울산 게놈 프로젝트 추진 25억원
- 자율운항선박 기술개발사업 121억원
- 울산수소그린모빌리티 규제자율특구 지원 사업 73.5억원
- GW 산업단지 진입도로 개설 95.48억원
- 울산국가산단 지하배관 통합안전관리센터 건립 41억원
- 유니스트 예산 2단계 BTL 사업 2500억원 확보 (2012년)
- 울산신항 동북아 오일허브사업(2011년)
- 신항만 건설사업 1013억원

● 좋은이웃 정갑윤입니다

정갑윤 전 국회 부의장

지역민과 국민의 신뢰를 저버리면 어떠한 결과가 주어지는지 알아야 합니다. 함께 하고자 노력해야 합니다. 나 아니면 안 된다는 사고는 상당히 위험합니다. 함께 만들고 함께 노력하는 현실정치가 필요합니다.

울산종합일보

2015.05.30

정갑윤 국회부의장, 발 빠른 '민생행보' 눈길

주중·주말 가리지 않고 지역 민심 챙겨
국회의장 목표… '5선' 도전 자신감

연일 바쁜 의정활동에도 불구하고 정갑윤 국회부의장(새·울산중구)의 지역 사랑은 식을 줄 모른다. 모처럼 내린 비로 뜨거운 열기가 잠시 가신 30일 오전 울산중앙여고 체육관에서 열린 반구1동 경로위안잔치에 박성민 중구청장과 함께한 정 부의장은 참석한 어르신들 한 명 한 명과 손을 맞잡으며 웃음을 교환했다.

일요신문
realtime news media

2021.03.02

정갑윤 전 국회부의장 "울산 사법 인프라 구축, 마지막 조각 맞췄다"

▲ 부산고등법원 울산원외재판부 개원식에 참석한 정갑윤 전 국회부의장.

[울산=일요신문] 정갑윤 전 국회부의장은 "울산 사법 인프라 구축의 마지막 조각을 맞춰 남다른 감회를 느낀다"고 소회를 밝혔다.

정 전 부의장은 2일 부산고등법원 울산원외재판부 개원식에 참석하면서 이 같이 말했다.

정갑윤 부의장은 국회의원시절 18대 하반기를 시작으로 20대 국회임기를 마칠 때까지 법조계 출신이 아니지만 11년간 국회법제사법위원회 위원으로 활약했다.

이를 통해 울산의 사법인프라를 광역시급에

● 좋은이웃 정갑윤입니다

울산시민을 위한 의정활동
태화강 국가정원의 초석을 닦다

박문점 울산중구 상인연합회장

**태화강 국가정원이
태화시장에 활력을 불어넣었다.**

'도심 속 5일장' 울산 태화시장

'도심 속 5일장' 울산 태화시장은 울산의 명소다. 상설시장과 5일장이 결합된 전통시장으로, 5일장이 서지 않는 날이면 아예 문 연 점포도 찾기 힘든 다른 일부 전통시장들과 달리 일 년 열두 달 생기가 넘치는 특별한 곳이다. 규모면에서나 품질면에서나, 인지도면에서나 전국 순위 안에 드는 인정넘치는 시장이다.

내가 결혼하고 태화시장 건너편 우정동에서 첫 살림을 시작했을 때만해도 이곳엔 5일장이 없었다. 당시 여긴 버스터미널이 있었는데, 도로 포장도 제대로 안 되어 있었다. 그런데 어느 날부턴가 버스터미널 인근 매운탕 골목에 한 명, 두 명 앉아 보따리를 풀더니 5일장이 서게 됐다. 자연스럽게 장날이 만들어지더니 한 번에 1억여원의 매출이 발생하는 대규모 장이 들어서게 됐다. 태화5일장에 물건을 팔러 오는 사람들은 대부분 외지에서 들어오는 사람들이다. 양산, 창원, 김해, 부산, 경주 등 울산 주변 도시에서 온다. 반면 장을 보는 사람들은 울산시민들이 대부분이다. 워낙 큰 장이다보니 울주, 동구, 심지어 경주에서도 장을 보러 온다. 5일장이 열리는 날이면, 이 일대엔 주차하려는 차들이 길게 늘어선다. 그만큼 태화시장은 질 좋은 물건으로 가득하다.

태화시장 상인들은 지난 2016년 한 차례 크나큰 위기를 겪었다. 태풍 '차바'가 울산지역을 강타하며 시장 전체가 물에 잠겼다. 침수피해액만 300억원 가까이 추산될 정도로 대규모 피해 상황이었다.

그날의 상황이 지금도 선명하게 그려진다. 우정동 위쪽에 혁신도시가 들어서면서 빗물을 흡수하던 토양이 줄어들어 그 물이 도로를 타고 그대로 시장으로 밀려들어왔다. 가게 안에 앉아 있는데, 가게 앞으로 저 골목 위쪽 휴대폰 가게에 설치해뒀던 풍선이 동동 떠내려오는게 아닌가. '저게 뭐지?' 하고 있는데 갑자기 밖에서 이웃상인들이 "물 찬다! 어서 높은 데로 대비해라!" 소리를 질렀다. 당장 가게 문을 닫고 무조건 뛰었다. 이미 물이 허리까지 찬 상태였다. 대피하란 소리를 못 듣고 가게 안에 있다가 가게 문을 깨고 피해 온 사람도 있었다. 악몽의 시작이었다.

울산 중구 반구시장을 찾은 정갑윤 부의장

● 좋은이웃 정갑윤입니다

당시 중구 의원이었던 정갑윤 부의장님께서 주신 도움을 지금도 잊지 못한다. 정 부의장님의 큰형님과 가까운 사이였기에 나는 당신을 '아주버님'이라 불렀다. 당시 정갑윤 부의장님과 전화 통화를 하다 그만 통곡을 하고 말았다. 도저히 앞이 보이지 않는 암울한 상황. 정 부의장님은 "큰일 하는 사람은 눈물을 보이면 안 된다"며 위로를 해주었다. 현실적 대책 마련에도 발 벗고 나섰다. 소상공인진흥공단에서 저리로 대출 상환 요건을 연장하는데 결정적 도움을 주셨다. 코로나19까지 겹치며 저리의 대출금도 상환하지 못할 상황이 되었지만, 이렇게까지 태화시장 상인들을 챙겨주시고 지원해주신 것을 생각하면 지금도 눈물이 날 정도로 감사할 따름이다.

올해로 장사 21년차. 이렇게 사람 없는 시기는 처음이다. 코로나19의 영향이다. 상인연합회는 우리가 당면한 문제를 해결하기 위해 노력하고 있다. 다행히 울산에 관공서들이 많이 들어오면서 지역경제를 살리기 위한 노력을 이어오고 있다. 전통시장에서 장보기 활동을 하며 전통시장 상인들에게 힘이 되어주기 위해 많은 노력을 기울이고 있다. 최근엔 혁신도시에 입주한 기업들과 전통시장 간 MOU를 맺어 상생을 위한 노력도 이어가고 있다.

슬럼이었던 태화강, '생태공원화' 아이디어 내 국가정원의 초석 닦아

중구에서 "정갑윤 의원" 하면 모르는 사람이 없다. 중구에서 5선이나 했고 국회 예결위원장, 부의장까지 하면서 알게 모르게 우리 울산을 위해 많은 일을 하셨다. 슬럼화됐던 태화강 일대를 생태공원으로 조성하자는 아이디어를 내며 국가정원의 초석을 닦은 것도 정 부의장님이다.

지난 2019년 태화강 국가정원이 공식 선포된 뒤 시장의 분위기도 한층 좋아졌다. 우리시장은 태화강과 길 하나 두고 있다. 태화강을 찾은 사람들이 조금 더 눈을 돌려 태화시장까지 찾는 경우가 조금씩 늘었다. 태화강-태화루-태화시장이 하나의 코스가 된다면 지역경제에 더 도움이 될 것이다. 태화강에서 태화시장까지, 도로를 건널 필요 없이 산책로가 이어진다면 좋을 것이다. 아직 각 지역공간 사이 연계가 활성화되어 있진 않아 부족한 부분이지만, 차차 개선될 것으로 기대해본다.

태화강 선바위

태화강 운해

● 좋은이웃 정갑윤입니다

정갑윤 전 국회 부의장

의정 활동을 할 때 서울로 가기 위해 울산공항에서 비행기를 타면, '제대로 된 치료를 받기 위해 서울에 있는 병원으로 간다'는 암 환자와 그 가족들을 종종 마주쳤다. 그럴 때마다 가슴이 아팠다. 우리 울산에 환자들이 믿고 치료를 받을만한 전문 치료시설이 이렇게 없다는 말인가!

울산대학교병원 권역심뇌혈관질환센터 개소식 / 사진제공: 울산대병원

울산시민을 위한 의정활동
암센터 건립을 위해 물 밑에서 뛰다

정융기 울산대학교병원 병원장

정갑윤 부의장은 지역 의료수준을 개선하는데 많은 애정을 보이신 분이다. 암센터 지정 후에도 울산권역심뇌혈관질환센터 유치를 위해 노력을 다하신 것으로 알고 있다.

울산대학교병원은 울산 지역 유일한 대학병원이자 상급종합병원이다. 2018년 3주기 평가에서 상급종합병원에서 제외되면서 지역내 의료전달체계에 위기를 맞기도 했지만, 지난해말 4주기 평가에서 전국 50개 병원 중 6위라는 우수한 성적으로 당당히 재진입함으로써 입지를 더욱 공고히 다지게 됐다. 특히 국공립병원이 없는 울산지역에서 다양한 보건의료 국책사업을 통해 공공의료의 구심적 역할을 담당하고 있다.

사진제공: 울산대병원

● 좋은이웃 정갑윤입니다

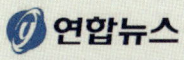 2020.12.29

울산대병원, 상급종합병원 재지정…"중증 환자 치료 집중"

복지부 평가서 부산·울산·경남권 1위, 전국 6위로 지정
'국제적 수준 인프라 갖춘 제2병원 건립' 중장기 발전전략 세워

울산대학교병원은 보건복지부가 선정한 제4기 상급종합병원에 지정됐다고 29일 밝혔다.

이번 선정으로 지난 3년간 광역시 중 유일하게 상급종합병원이 없었던 울산 의료전달체계에 선순환 구조가 생길 것으로 전망된다.

울산대병원은 이번 평가에서 경남 동·서부권으로 권역이 분리되는 불리한 점을 이겨내고 높은 점수(만점 102점 중 100.95점)를 받으며 부산, 울산, 경남권 1위, 전국 6위로 상급종합병원에 지정됐다.

보건복지부는 상급종합병원 신청 병원 시설, 장비, 인력, 의료서비스 질, 환자 구성 비율 등을 종합적으로 심사해 3년마다 상급종합병원을 발표하고 있다.

울산대병원은 2기 때 지정됐으나 3기 때 재지정받지 못했다가 이번에 다시 지정됐다.

울산 유일 상급종합병원으로서의 책임감

울산대병원은 암을 비롯해 중증질환 환자들에게 전문적인 의료서비스를 제공하는 지역거점병원이다. 지난 2012년 개소한 울산지역 암센터는 진단, 수술, 항암약물치료, 방사선치료, 재활치료, 호스피스 등 암의 종합적인 치료와 서비스를 제공하고 있다.

지역암센터 사업은 정부가 지방 암환자의 수도권 쏠림을 방지하고 지역간 의료 균형 발전을 위해 각 시도에 치료역량을 갖춘 병원을 선정해 육성하고자 추진한 사업이다. 울산지역암센터 개소로 울산지역 암환자들은 지역내에서 충분한 치료를 받을 수 있게 됐으며, 그로인해 원정진료에 따른 불편과 진료비 부담을 경감시키는 효과를 가져왔다.

울산지역 암센터가 지정되는데 정갑윤 부의장의 보이지 않는 노고가 있었다. 당시 지역암센터는 광역단체별로 지역내 국립대병원을 지정하는 것이 관례였다. 국립대병원이 없는 울산은 치료역량을 갖춘 울산대병원이 있지만 지역암센터 지정에서 빠질 수밖에 없었다. 현실과 동떨어진 자격요건을 내세운 '탁상행정'의 전형적인 사례였다. 단지 국립대병원이 없다는 이유만으로 울산지역 시민들의 의료권이 박탈당할 수 있는 순간이었다.

정갑윤 부의장은 불합리한 암센터 자격 요건에 대해 문제를 제기하고 나선 울산 의료계에 가장 적극적으로 호응하신 분이었다. 정치 원로이신 당신과 우리 의료계의 꾸준한 문제 제기와 설득으로, 결국 민간 의료기관도 암센터로 지정할 수 있게 되었다.

울산대학교병원은 지역암센터로 지정되면서 치료 뿐만 아니라 암예방 캠페인과 교육·홍보, 지역내 빈발하는 암의 원인에 대한 연구 등 다양한 암 예방 활동을 전개하고 있다. 울산시가 정부의 보건의료국책사업에 참여하게 된 첫 사업으로, 이를 계기로 울산지역 의료인프라가 타 지역에 비해 부족함없이 발전해나갈 수 있는 근간을 마련하게 되었다. 그 과정에서 정 부의장이 중추적 핵심적 역할을 한 것으로 기억하고 있다.

울산지역암센터는 21개의 최첨단 수술실과 현존하는 최고의 암치료기로 불리는 '트루빔(방사선암치료기)', 국내 2번째 규모의 무균병동 등 최고의 암치료 시설을 갖추고 있다.

암센터에 이어 울산권역심뇌혈관질환센터 유치까지

정갑윤 부의장은 지역 의료수준을 개선하는데 많은 애정을 보이신 분이다. 암센터 지정 후에도 울산권역심뇌혈관질환센터 유치를 위해 음으로, 양으로 노력을 다하신 것으로 알고 있다.

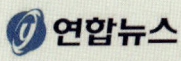 연합뉴스 2011-06-29

정갑윤 "울산대학교 병원 지역 암센터 확정"

울산지역의 울산대학교병원에 기능형 지역 암센터가 설치·운영된다.

한나라당 정갑윤 의원(울산 중구)은 29일 "울산대병원이 보건복지부의 기능형 지역 암센터에 최종 선정됐다"고 밝혔다.

보건복지부는 2004년부터 시·도별로 암진료·연구·관리의 거점 기관을 육성하기 위해 지역 암센터를 지정하며, 올해 1월 이어 이번에 울산대병원과 아주대병원을 추가로 선정했다.

정 의원은 울산지역 암센터 지정을 우선현안 추진과제로 설정, 2009년 국회예산결산특별위원 활동 당시부터 보건복지부 등 정부 측과 협의해 왔다.

특히 국립대병원이 아닌 사립대학교 병원도 참여할 수 있도록 해 울산대병원이 암센터로 지정이 가능하도록 했다.

현재 10개 시·도에 9개 국립대병원이 지역 암센터로 지정돼

울산대학교병원은 2019년 7월 울산권역심뇌혈관질환센터를 개소하며 지역의료계 성장에 한 단계 도약을 이뤘다. 심뇌혈관질환은 국내 사망원인 2~3위로 신속한 치료를 받지 못할 경우 후유장애로 환자와 가족에게 정신적 고통과 막대한 경제적 부담을 초래한다. 울산은 순환계질환 사망률이 전국 16개 시도 중에서 10만명당 86.7명으로 가장 높은 수준이다. 심뇌혈관질환 전문 치료 인프라의 개선이 필요한 상황이었다. 보건복지부는 전국 권역별로 14개 권역심뇌혈관질환센터를 설립하기로 했는데, 그 가운데 하나가 우리 울산대병원이다.

울산대병원이 중심이 되어 울산지역 의료수준도 큰 발전이 있었다. 하지만 아직도 많은 시민들이 보다 질 좋은 의료서비스를 받으려면 무조건 서울에 가야한다는 환상을 갖고 있다. 이는 의료서비스에 대한 이해가 부족해서다. 의료서비스는 어느정도의 적정 규모 이상이 되면 그 기술 수준이 표준화·평준화된다. 규모가 작은 분야에서라면

의사에 따른 몰입과 숙련도의 차이가 있겠지만, 적어도 1000명 이상의 환자를 받는 대형병원에서 의료진의 수준은 어디나 비슷한 수준이다. 오히려 의사가 환자 1명당 얼마나 시간을 내고 신경을 쓸 수 있는지가 더욱 중요하다. 환자 1명에 대해 심도있게 집중할 수 있는 여건을 따져본다면, 울산대학교병원의 경쟁력이 높다고 할 수 있다.

울산대병원은 '명품 진료'를 추구한다. 그저 많은 환자를 받아내는데 급급한 '박리다매' 식이 아닌, 한 사람 한 사람에 최적화해 커뮤니케이션하는 개별화된 의료서비스를 제공하고자 한다. 단언컨대 우리 병원은 지역의 대표 의료기관으로서 비용, 효과, 서비스 측면에서 매우 높은 수준이다.

하지만 아무리 공급자가 뛰어나도 그들이 전문성을 발휘할 대상이 없으면 안 되는 것이다. 울산 시민들이 우리 의료진을 믿어줘야 우리 지역에 더 좋은 의료진이 오래 뿌리 내리며 지역의 의료서비스를 발전시켜갈 수 있다.

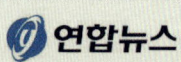 연합뉴스　　　　　　　　　　　　　　　　　　　　　2021-02-09

울산대병원 권역심뇌혈관질환센터, 복지부 평가 최고점수 획득

울산대학교병원 울산권역심뇌혈관질환센터는 보건복지부의 2020년도 권역심뇌혈관질환센터 사업평가에서 최고점수를 받았다고 9일 밝혔다.

센터는 ▲조직·인력·시설·장비·정보체계 ▲운영·당직체계·진료과정 ▲환자교육·관리 ▲지역전문인력 교육 ▲지역주민 대상 교육 및 홍보 활동 등 대부분의 평가 지표를 100% 충족했다.

또한 특화사업과 지역연계사업 운영에 대한 평가도 매우 우수한 것으로 나타났다. 이는 심뇌혈관질환의 예방, 치료, 재활 전반에서 우수함을 인증한 성과다.

센터는 예방 활동, 24시간 365일 당직 전문의 응급진료체계 운영, 환자·보호자 교육상담 및 지속관리, 심뇌혈관질환 관련 전문연구, 조기재활치료 등 권역 거점 센터의 역할을 전국에서 가장 성실히 수행하고 있다는 평가를 받고 있다.

또한 지역사회 의료기관과 연계한 환자관리 및 예방관리사업 및 취약지역 집중지원, 지역사

● 좋은이웃 정갑윤입니다

정갑윤 전 국회 부의장

우리 사회가 고령화 사회로 진입함에 따라 노년인구의 행복증진을 위한 대책 마련은 국가의 의무이자 소임이 되었다. 국가 재건을 위해 헌신하신 어르신들의 행복한 노년을 위해 지속적인 치료 및 관리체계 구축이 시급하다.

동강병원 울산광역치매센터 개소식 / 사진제공: 동강병원

울산시민을 위한 의정활동
울산 시민의 행복한 노년을 위해 광역치매센터를 설립하다

김성률 동강병원 울산광역시 광역치매센터장

정갑윤 부의장은 광역치매센터의 울산유치를 위해 직접 보건복지부 장관을 면담하고 기획재정부 장관을 설득하는 등, 지역사회의 발전을 위해 헌신적으로 일해왔다.

동강병원 울산광역시 광역치매센터
김성률 센터장과 센터직원들

울산 치매관리체계 선제적으로 구축

울산광역시는 산업도시로 경제성장하면서 부자도시, 또 젊은 도시로 알려졌다. 시민들의 의식수준도 높아 개인의 삶의 질 향상에도 관심이 크다. 그래서인지 울산광역시는 타지역에 비해 치매환자가 적은 편이다.

2003년 울산광역시사회복지협의회 부설로 치매지원사업팀을 꾸려 작게 운영을 시작했다. 국가 치매정책 사업의 일환으로 보건복지부가 2016년 울산광역시 광역치매지원센터 설치 및 지원을 결정했고, 동강병원이 수탁기관으로 선정되었다. 2017년 5월

● 좋은이웃 정갑윤입니다

16일 울산광역시광역치매센터가 동강병원 남관에 개소, 전반적으로 사업영역을 확대 운영하고 있다.

치매서비스 제공 일선기관인 보건소 치매안심센터와 치매안심병동을 운영하는 시립노인병원에 기술지원 및 컨설팅을 전제로 지역 치매관리사업 컨트롤타워의 기능을 수행하고 있다. 또 우리 지역 특성에 맞는 치매사업을 기획하고 시민들을 대상으로 적극적인 치매인식개선 홍보사업을 추진한다.

센터 내에는 국내 치매 관련 일반, 전문서적 1000여권을 소장하고 있다. 인지훈련기기 등을 비치해 울산시민이 언제든 책을 열람·대여할 수 있고, 체험해 볼 수 있는 공간도 마련돼있다.

고령화 사회로 진입하고 있는 시대, 울산의 치매관리체계를 선제적으로 구축하기 위해 울산에도 광역치매센터가 유치돼야 한다는 시민의 요청이 높았다. 당시 새누리당 지역구 의원이었던 정갑윤 부의장은 2015년 5월 3일 동강병원과 함께 울산시의회 대강당에서 '광역치매센터 울산유치 정책간담회'를 개최했다.

정부는 '2008년 제1차 치매종합대책'을 통해 치매와의 전쟁을 선포한 후 2012년 치매관리법 시행과 '제2차 국가치매관리' 종합대책을 통해 국가적 차원의 치매관리를 시행하고 있었다. 2015년 현재 전국 13개 광역지자체에 광역치매센터가 지정돼 각 지역의 특성에 맞게 운영중에 있었지만, 울산엔 광역치매센터가 부재한 상황이었다.

정갑윤 부의장은 "고령화 사회에 따른 노년인구의 행복증진을 위해 국가가 나서 대책을 마련해야 한다"며 국가 재건을 위해 헌신하신 어르신들의 행복한 노년을 위해 각종 질병에 관한 치료와 관리체계 구축이 시급하다는 인식을 널리 공유했다. 나아가 직접 보건복지부 장관과 면담 후 기재부를 설득해 울산에도 광역치매센터가 지정될 수 있는 계기를 마련했다.

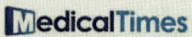
2017-05-18

울산 동강병원, 광역치매센터 개소

동강의료재단 동강병원은 울산광역시 통합치매관리 컨트롤타워 역할을 수행할 울광역치매센터로 선정, 개소식을 가졌다고 16일 밝혔다.

광역치매센터는 동강병원이 위탁운영하며 설치비 7억2000만원을 지원받아 병원 남관 지상 5층, 6층을 리모델링해 프로그램실과 치매정보실, 회의실, 세미나실, 상담실 등의 시설을 갖추고 운영된다.

최승호 센터장(신경과)을 중심으로 사회복지사, 간호사, 작업치료사로 구성된 5명의 전담인력이 배치된다.

최 센터장은 "치매에 대한 정확한 정보 제공을 통한 인식개선으로 울산시민과 일상생활에서 치매예방 및 관리를 습관화해 치매극복을 함께 이뤄 울산시민의 삶과 질을 향상할 것"이라고 말했다.

센터는 앞으로 ▲지역중심 맞춤형 치매관리사업 총괄기획 ▲종사자 치매전문교육 ▲지역자원인프라 연계협력사업 ▲치매에 대한 올바른 이해와 관심을 높이는 인식제고사업 등을 추진한다.

치매도 본인의 노력으로 예방이 가능하고, 또 조기에 진단받고 적절히 치료하면 원인질환에 따라 완치가 가능할 수 있다.

치매에 대한 시민교육으로 부정적 이미지 개선

어느 누구도 질병으로부터 자유로울 수 없다. 나이 들어감에 따라 발병률이 높아져 대표적 노인성 질환으로 꼽히는 치매는 사실 중장년층 이상 세대에겐 두려운 질병이다. 치매도 본인의 노력으로 예방이 가능하고, 또 조기에 진단받고 적절히 치료하면 원인질환에 따라 완치가 가능한 경우도 있다는 것을 많이들 모른다. 치매환자가 보이는 정신행동증상에 대한 부정적인 측면이 두드러져 치매 자체에 대한 기피현상이 심해

● 좋은이웃 정갑윤입니다

지고 환자와 가족은 쉬쉬하기에 급급한 게 현실이다.

단순히 '치매'란 용어를 고쳐 사용하며 그 부정적 인식을 전환하기에 앞서 '치매에 대해 이해하고, 어떻게 대처할 수 있는지, 도움을 받을 수 있는 공적 제도나 서비스는 무엇인지' 등을 시민들이 보편적으로 인식하게 된다면, 이 질환에 대한 인식의 변화는 자연스럽게 따라올 것이다.

무엇보다 우리 지역사회가 지속적으로 치매 환자에 대해 관심을 갖는 것이 중요하다. 동강병원은 울산시민의 높은 의식수준을 바탕으로 올바른 치매인식 수준을 높이고, 치매 친화적 사회 분위기를 조성해 치매환자, 가족을 지지할 수 있도록 지역사회와 함께 노력해나가고 있다.

G글로벌경제신문　　　　　　　　　　　　　　　2021.03.03

[건강]치매 환자 100만명 시대 도래..전조증상 및 예방법

[국립중앙의료원 중앙치매센터의 '대한민국 치매현황 2019' 보고서에 따르면 2018년 기준 65세 이상 국내 치매 환자는 약 75만 명이다. 유병률은 10%를 조금 넘는다. 65세 이상 노인 10명 중 1명꼴로 치매를 앓고 있는 셈이다. 80대 중반이 되면 절반 정도가 치매 진단 가능성이 있다는 보고도 있다. 급격한 노인 인구 증가에 따라 2024년 치매 인구가 100만 명을 넘을 것이라는 전망도 나온다.

송인욱 가톨릭대학교 인천성모병원 뇌병원 신경과 교수는 "치매 환자는 뇌에 특정한 독성 단백질(아밀로이드, 타우 등)이 쌓이거나 혈액 공급에 문제가 생겨 뇌가 손상되는 경우가 많다"며 "그 영향으로 기억장애 등 인지기능장애가 나타나고 경우에 따라 이상행동이나 시공간 장애, 망상, 환시 같은 환각, 공격적인 행동 등이 동반될 수 있다"고 말했다.

◆ 급격한 노인 인구 증가, 3년 후 치매 100만 명

치매하면 가장 먼저 떠올리는 게 기억력 저하다. 실제 가장 흔한 치매인 알츠하이머병의 경우 기억력 저하가 먼저 발생한다.

치매 환자의 기억장애 정도를 판단하는 중요한 지표는 예전 일은 잘 기억하는데 최근 일은 제대로 기억 못 하는 등의 최근기억장애에 있다. 최근기억장애가 나타나는 이유는 치매 환자의 뇌가 새로운 정보를 입력하고 저장하는 기능의 손상이 심하기 때문이다.

울산광역시 최초의
대한민국 국회의장을 꿈꾸다

정갑윤 전 국회 부의장

무소불위의 행정부 권력을 견제할 수 있는 게 의회다. 의장으로서 의회의 제대로 된 기능을 회복하고 균형 잡힌 나라살림을 이루고자 하는 바람이었다.

정갑윤 국회 부의장실을 찾은 '울산의 미래' 울산 어린이들과 함께

● 좋은이웃 정갑윤입니다

2020년 2월 17일. 나는 4·15 총선 불출마를 선언했다. 불출마 결심은 치열한 고민 끝에 내린 결론이었다. 당시 야권 심판의 분위기도 있었지만, 무엇보다 '국민의 신뢰를 회복할 수 있는 방법은 무엇일까'를 고심한 결과, 나와 같은 다선의원이 솔선하여 불출마를 선언하는 것이 최선의 방법이란 생각에 이르렀다.

내가 정치를 하는 목적은 단 한 번도 국회의원이 되기 위함이 아니었다. 나라와 시민이 나란 일꾼을 필요로 하여 불러주셨기에, 더 큰 봉사를 하기 위해서였다. 그렇게 봉사해온 길을 스스로 접으려 하자, 당시 나보다 내 주변의 지지자분들께서 더 서운해하고 속상해하셨다. 국회의사당에서 공식적으로 불출마 기자회견을 하기 하루 앞서, 울산에서 후원자와 지지자들께 먼저 나의 결심을 알리는 자리를 가졌었는데, 온통 울음바다가 되었다.

나는 지금도 불출마 결정을 후회하지 않는다. 다만 한 가지 아쉬운 것은, 그때 야당이 조금만 더 잘 해 제1당이 되었더라면 내가 국회의장을 할 수 있었으리라는 점이다. 내가 국회의장이 되고자 했던 데엔 어떤 권력이나 자리에 대한 욕심이 있었던 것이 아니다. 국회의 위상, 더불어 국회의원의 위상을 높여, 제대로 된 삼권분립을 실현하고자 하는 소망이 있었기 때문이다.

민주주의가 제대로 정착하고 기능을 다 하기 위해서 삼권 분립은 반드시 필요하다. 국가권력의 작용을 입법·행정·사법의 셋으로 나누고, 이를 각각 별개의 독립된 기관에 분담시켜 상호간에 견제와 균형을 유지하도록 하는 것이다. 이를 통해 국가권력의 집중과 남용을 방지하려는 게 삼권분립의 주된 목적이다.

어린아이도 아는 개념이지만, 요즘 우리 사회에 삼권분립이 유명무실화된 지 오래다. 정부의 작태를 보면 행정부가 마치 입법부의 상위부서로서 군림하는 것처럼 보인다.

"국회가 청와대의 시녀 역할을 한다"는 표현까지 나오고 있다. 게다가 요즘엔 사법부마저 행정부의 하부기관인 것처럼 격하된 듯 보인다. 참 슬픈 일이다.

무소불위의 행정부 권력을 견제할 수 있는 게 의회다. 의장으로서 의회의 제대로 된 기능을 회복하고 균형 잡힌 나라살림을 이루고자 하는 바람이 있었다. 내가 의정활동을 하면서 여야로부터 고른 신뢰를 얻었기에, 21대 총선에서 야당이 1당이 된다면 내가 의장이 되는 것이 자연스러운 수순이었던 차였다.

18년 동안 국회의원 5선을 지내며 한 가지 자부할 수 있는 것이 있다. 투명성, 청렴성에 있어선 하늘을 우러러 한 점 부끄러움 없이 철저히 살아왔다는 것이다. 울산에서 나처럼 많은 선거를 치른 사람은 없지만, 불미스러운 일로 구설수에 오른 적 없는 사람도 없을 것이다. 나뿐만 아니라 내 가족까지 한 점의 부정과 비위에 얽히지 않았단 것은 내가 가진 소중한 정치적 자산이다.

주변에선 '그래도 18년 의정생활을 했으면 많이 챙겼겠지' 라고 보는 시각도 있다. 단언컨대 남들이 생각하는 그 어떤 특혜도 없었다. 나는 국회 부의장 시절에도 매우 특별한 날이 아니라면 운전비서 한 명만 대동해 다니곤 했다. 시장 아지매들이 오히려 "국회의원이 됐으면서 왜 자꾸 혼자 다니노!"라며 핀잔을 줄 정도였다. 서울-울산을 무수히 오가면서도 늘 이코노미석이었다.

나는 시민들과 평생을 더불어 살아왔다. 지금도 가장 큰 낙이 새벽 학성시장에 나가 노점을 하시는 어르신들과 인사하고, 따끈한 국밥 한 그릇 먹고 오는 것이다. 나의 정치는, 아니 나의 삶은 늘 시장과 사람에서 시작했다. 바닥부터 훑고 올라온 민심보다 더 큰 힘은 없다.

● 좋은이웃 정갑윤입니다

현대중공업 사내협력회사 협의회 간담회

울산 수산물 도매시장 화재현장방문

제21대 국회의원 선거 불출마 기자회견

울산대학교 총동문회 회장 이·취임식

이·취임식에서 사랑하는 후배들과 함께

좋은이웃 정갑윤

정갑윤의 영원한 울산 사랑이야기

09 | 대한민국 산업수도에서 세계의 산업수도로 만들기 위한 정갑윤의 꿈

4차 산업혁명시대!
생각을 바꾸면 울산의 미래가 바뀝니다.

울산은 미래를 향한 대도약 앞에 숨을 고르고 있다.
핵심은 제조업 일변도의 산업구조에서 탈피해
새로운 패러다임의 구성요소를 도입하는 것이다.

혁신 창의 도전은 산업 수도 울산의 견고한 DNA다.
이런 저력을 바탕으로 울산은 4차 산업혁명시대를 맞아
대한민국의 산업 수도를 넘어서
세계의 4차산업 핵심 허브로서 성장해갈 것이다.

대한민국 산업수도에서
세계의 산업수도로 만들기 위한 정갑윤의 꿈

정갑윤 전 국회 부의장

울산이 타의 추종을 불허하는 경쟁력을 갖고있는 자동차, 해운, 에너지, 전기전자 등 다양한 분야의 제조업은 3차 산업에서 4차 산업으로 이어주는 중요한 연결고리다.

울산시민과 역사를 함께 한 태화강 앞에서

● 좋은이웃 정갑윤입니다

울산은 대한민국 뿐 아니라 지구촌 전체로 봐서도 손꼽을 만한 산업도시다. 국가의 중요 기간산업이 집약되어 있는 이곳은 전국 최고의 인재들이 모여 기량을 펼치는 한편 천혜의 산수 환경 속에서 휴식을 취하며 재충전할 수 있는 곳이기도 하다. 1960년대 한국이 미국의존적 섬유공업·경공업에서 탈피해 부가가치가 큰 중화학공업으로 전환한 이래, 공업입국의 메인 엔진(main engine)으로서 기적적인 경제성장을 주도해왔다.

그렇게 반세기 동안 국가를 세우는 중요한 역할을 해오는 가운데, 시대의 흐름은 바뀌어 이제 4차 산업혁명의 시대를 맞고 있다. 제조업 위주의 3차 산업혁명 시대는 가고, IT와 신재생에너지가 근간이 되는 새로운 산업 패러다임으로의 전환이 요구되는 것이다.

울산은 이제 이 패러다임에서도 주역이 될 준비를 해가려 하고 있다. 미래를 향한 대도약을 위해 숨을 고르고 있다. 핵심은 제조업 일변도의 산업구조에서 탈피해 새로운 패러다임의 구성요소를 도입, 산업구조를 다각화하는 것이다.

대통령직속기구인 '4차산업혁명위원회'의 보고서에 따르면, 21세기 이후, 특히 포스트 코로나 시대의 뉴노멀(new-normal)을 새롭게 이끌어갈 핵심기술은 인공지능과 빅데이터 등 신기술로 촉발되는 초연결 기술이다.

이런 기술을 기반으로 산업 및 일상 전반에 지능화 혁명이 일어나서 변화가 진행되어 가는 것이다. 도시 인프라, 농수산업, 물류, 복지, 환경, 안전, 에너지 부문 뿐 아니라 국방에 이르기까지 지능화 혁명으로 인해 촉발될 변화는 요원의 불길처럼 우리의 생활공간 속으로 퍼져나갈 것이다.

4차 산업혁명이 지금까지와는 전혀 다른, 새로운 패러다임에 기반한 것이라 해도, 3차 산업혁명과의 접점은 분명히 있다. 초연결 기술은 결국 로봇, 자동차, 항공기, 인

쇄, 각종 전자기기 및 기타 사물, 그리고 의료, 에너지 및 식량 생산에까지 적용되는 것이다. 울산이 타의 추종을 불허하는 경쟁력을 갖고 있는 자동차, 해운, 에너지, 전기전자 등 다양한 분야의 제조업은 3차 산업에서 4차 산업으로 이어주는 중요한 연결고리다.

울산 과학기술 인재의 요람, 유니스트

R&D의 터전으로
개발해나갈
장현도시첨단산업단지 조감도

● 좋은이웃 정갑윤입니다

대한민국 제조업의 요람인 울산은 이런 부분을 기반으로 새롭게 방향을 모색하는 데 유리한 지점에 있다. 지금까지 해오던 것을 새롭게 가다듬고, 빅데이터와 인공지능이라는 소프트웨어적 요소와 융합시킴으로서 다른 어떤 곳에서보다 효율적으로 4차 산업혁명을 수행해갈 수 있다. 즉 울산은 4차 산업혁명에서도 대한민국 산업수도로서의 위상을 유지할 수 있을 뿐 아니라 세계의 4차 산업혁명 핵심 허브로서 더욱 도약할 수 있는 기회를 지금 맞이하고 있는 것이다.

국가적 수준을 넘어 지구적 수준의 4차 산업 핵심기지로 우뚝 설 것인가, 아니면 한물 간 낡은 도시로 전락할 것인가 하는 기로에 지금 우리가 서 있다. 선택의 열쇠는 새로운 패러다임에 대한 투자에 있다고 본다.

지능화 기술 경쟁력을 확보하고 혁신성장동력을 육성하며, R&D 체계를 혁신하여 급변하는 기술 환경을 주도해야 한다. 이 모든 것은 결국 '사람'을 키우는 일로 환원된다.

울산과학기술원, 울산대학교 등을 중심으로 신성장 산업 인재를 발굴, 새로운 산업 패러다임을 선도할 우수한 인력을 확보해야 한다. 또한 세계적으로 고급 인력을 유치하거나 협력 네트워크를 강화해서, 집단지성의 핵심으로서 지구촌 제일의 인적 역량을 확충해나가야 한다.

인재의 기량은 그를 뒷받침해주는 생태계 조성에 따라 더욱 효율적으로 발현될 수 있다. 이들이 열정적으로 연구를 할 수 있도록 환경을 조성해주고, 산업과의 연계를 통해 첨단 R&D 생태계를 가꾸어가야 한다. 폭넓은 지원과 규제 완화로 제조업 중 유망한 분야는 살리고, 산업 패턴을 업그레이드하며, 신산업을 개발·육성함으로써 울산이라는 산업 거목이 더욱 울창한 삼림으로 확대되어 나갈 수 있도록 전반적인 환경을 조성해주어야 한다.

이미 울산은 이 모든 새로운 과정을 활발히 시작하고 있다. 울산과학기술대학을 울산과학기술원(UNIST)로 전환해 고도화 및 첨단화된 산업 기술의 R&D의 터전을 닦았고, 장현도시첨단산업지구를 유치해 R&D와 현실세계를 이어주는 기술 발현의 터전도 잡았다.

여기에 새로운 시대가 요구하는, 새로운 산업적인 요소도 울산에서 무궁무진 이끌어 낼 수 있다. 즉 역사·문화·환경적 요소다. 최근의 연구에 의하면 기원전 1세기나 2세기부터 울산은 한반도의 동해안과 남해안을 잇는 철기 문명 확산에서 핵심 거점 중 하나였다. 이어 삼국시대를 거쳐 지금에 이르는 동안, 울산은 동아시아 교류 항로의 중요한 관문 역할을 해오고 있다. 2,000년 이상의 문명 역사가 울산을 든든하게 받쳐주고 있는 것이다.

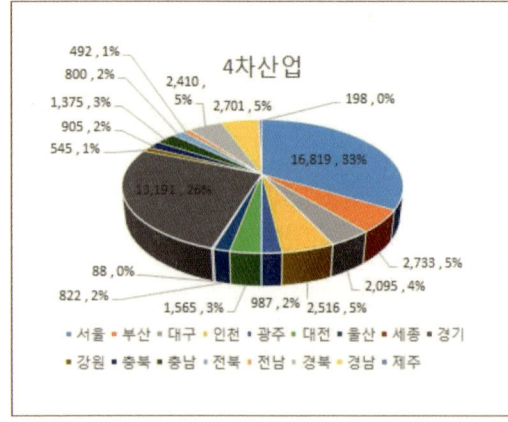

4차산업의 지역별 점유율 / 출처: 통계청(2017)

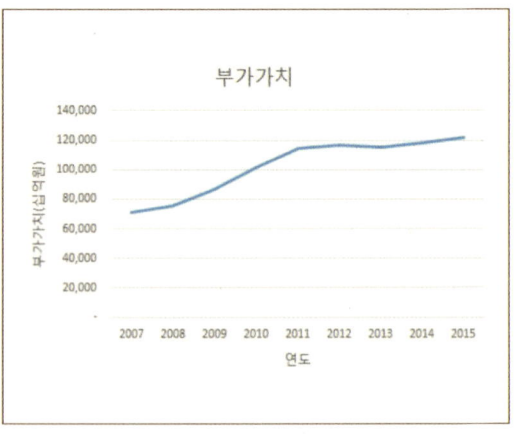

4차산업의 연도별 부가가치액 / 출처: 통계청(2017)

이런 문화자본은 지구촌 IT생태계와의 연결로 얼마든지 새로운 콘텐츠로 거듭 날 수 있다. 태화강이 국가정원으로 지정되는 등, 새롭게 가치가 평가되고 있는 경관과 환경은 이런 문화와 결합해 아름다운 시각 콘텐츠를 형성할 수 있다. 나아가 산업도시 울산의 면모를 더욱 다양하고 매력적인 것으로 만들어 세계의 콘텐츠 소비자들을 끌어들일 수 있다.

혁신·창의·도전은 산업 수도 울산의 견고한 DNA다. 이런 저력을 바탕으로 울산은 4차 산업혁명시대를 맞아 대한민국의 산업 수도를 넘어서 세계의 4차 산업 핵심 허브로서 성장해갈 수 있다. 그런 경쟁력을 키워 울산을 세계 최고의 도시로 만드는 것이 나의 꿈이다.

울산의 미래, 아이들과 함께

에/필/로/그

시민 모두가 행복한 울산시를 만들기 위한
"정갑윤의 첫걸음이 시작됩니다."

18년 의정활동은 '울산의 큰 일꾼 정갑윤'으로 성장하는 데 큰 자양분이 되었다

울산 중구에 가면 내가 즐겨 가는 돼지국밥집이 하나 있다. 얼마 전 점심에 국밥을 한 그릇 하러 그곳에 갔는데, 식사를 하고 계시던 연세 지긋한 어르신 할머니께서 나에게 무척 정중하게 인사를 해주셨다. 따님인지 며느리인지 알 수 없지만 그 어르신과

● 좋은이웃 정갑윤입니다

함께 있던 젊은 여성 분까지 어르신을 따라 내게 인사를 해주었다. 그 순간 '아, 내가 그래도 국회의원으로서 열심히 살았구나'란 생각이 들며 가슴이 뭉클해졌다. 소박하게나마 따뜻하게 가슴으로 사람을 대하는 정치를 해온 보람을 느꼈다.

대한민국 국회의원으로서 대한민국과 울산의 발전을 위해 최선을 다해 살아왔다고 자부한다. 태화강 국가정원 예산확보, 광역치매센터·암센터·울산권역심뇌혈관질환센터·혁신도시 유치 등 울산시민이 나를 필요로 하는 곳이라면 어디든 가리지 않고 달려갔다. 행정안전위원회 시절 유니스트 유치를 위한 국회 본회의 연설에서 "눈물 젖은 빵을 먹어보지 않은 사람은 배고픈 사람의 심정을 모른다"는 말로써 울산 유니스트 유치의 필요성을 호소한 것은 여야 국회의원들 사이에 두고두고 회자되었다.

울산은 한국의 산업화를 이끈 본고장이다. 한국이 산업 고도화의 길을 걷는 동안 석유화학, 조선, 자동차 등 주요 산업 생산기지 역할을 수행해왔으며, 우리나라 전체 수출액의 18%, 광업·제조업 생산의 15.2%를 담당하는 명실상부한 수출 전진기지 역할을 해왔다.

하지만 지난 몇 년 새 울산은 침체와 부진의 위기를 겪고 있다. 빠르게 변화하는 세계 산업 구도와 물밀 듯 밀려드는 4차 산업화의 파도 앞에 길을 잃은 듯 보인다. 중국의 막대한 투자와 일본의 고도화 사이에 끼어 동아시아 산업허브로서의 이점 역시 쇠퇴하고 있다.

변하지 않으면 안 된다. 순수 생산기지에서 한 단계 도약해 기술·혁신산업 중심도시로서의 미래를 준비해야 한다. 울산경제의 지속가능한 발전을 위해 무엇보다 R&D 기능 보강이 시급하다.

다행히 혁신도시를 유치하며 어느 정도 그 기반이 마련되었다. 하지만 이것만으로는 부족하다. 울산이 살아남으려면 제반 산업의 고도화, 첨단화가 이뤄져야 한다. 지금처럼 생산기지 역할만 해서는 미래가 없다.

덧붙여 인구 감소 문제에 대한 근본적 고민이 있어야 한다. 인구감소는 울산만의 문제가 아니지만, 울산의 인구유출은 심각한 수준이다. 코로나19 지속으로 인한 고용침체 장기화 등으로 지난 2020년 한 해에만 1만3584명의 인구가 울산을 빠져나갔다. 인구 순유출률이 -1.2%로, 전국 17개 시·도 가운데 가장 높았다. 울산의 인구는 지난 2015년부터 6년 연속 순유출되고 있으며 해마다 규모가 커지고 있다.

도시가 제대로 발전하고 지속하려면 그에 따른 교육·문화·예술·의료·주거환경 등의 인프라가 뒷받침되어야 한다. 서울·수도권에 비해 울산이 여전히 취약한 부분이 많다. 애초에 산업화로 인해 급성장한 도시였다. 일자리를 보고 전국에서 사람들이 모여 인구를 이뤘다. "아파트 반상회에 나가면 팔도 말이 다 나온다"고 말할 정도로 외지인들이 많다. 울산이 고향이 아닌 이들은 일자리가 없으면 도시를 떠나기 쉽다. 젊은 사람일수록 이탈은 더욱 심해진다.

시민의식을 위한 개선도 필요하다. 행정당국이 할 수 있는 노력을 다해야 함이 마땅하다. 우리 시도 미술관을 건립하는 등 정주환경 개선을 위해 노력하고 있지만, 이조차도 울산 일부 지역에 치중되어 있다는 지적이 나온다.

오래 전 목재사업을 경영하며 40~50명 되는 직원과 함께 일해봤고 식당을 운영하며 수십명의 직원과 함께 동고동락하며 살아보기도 했다. 그때나 지금이나 궂은 일은 모두 내 손으로 했다. 리더십은 책임을 지는데서 나온다. 직원이 마음 놓고 일할 수 있도록, 그들이 뛰어놀 마당을 조성해주는 게 리더의 역할이다. 비단 사업체나 식당에만 해당되는 말이 아니다. 정치도 마찬가지다. 구성원 한 사람 한 사람이 자기 일에

역량을 발휘할 수 있도록 분위기를 조성해줘야 한다. 이런 풍토가 지방자치단체에서부터 뿌리내린다면 우리 사회는 한결 자유로운 분위기 속에 효율적으로 기능할 수 있을 것이다.

누군가는 내 나이를 두고 인생을 새로 시작하기보단 마무리하는 쪽에 더 가깝다고 할 수도 있다. 그러나 백세시대에 새로운 시작으로도 손색이 없는 나이다. 나의 심장은 뜨겁게 뛰고 있으며, 두 다리는 여전히 튼튼하다.

중앙정치 18년, 도의원 시절까지 하면 근 30여년. 나는 울산시민들에게 큰 은혜를 받았다. 갚아야 할 마음의 빚이 많은 사람이다. 남은 나의 인생을 나눔의 실천으로서, 내가 가장 잘 할 수 있는 정치 · 행정적 역량으로서 그 보답을 해나가고 싶다. 능력 있는 사람이 마음껏 역량을 펼칠 수 있는 사회. 보호와 지원이 필요한 소외된 사람들에겐 보금자리가 되어 주는 사회. 그 운동장과 울타리를 만드는 것을 마지막 소명으로 삼는다.

2021년 4월

정 갑 윤

도움 주신분 (무순서)

곽영모 작가
대숲 백로사진
사) 한국사진작가협회 울산지회 회원
사) 한국사진작가협회 드론분과 부위원장
울산광역시 동구 궁도협회 회장

박인태 작가
울산 고래사진
사) 한국사진작가협회 울산지회회원
제8회 울산관광사진 공모전 금상수상
제15회 울산광역시 사진대전 특선수상

이주영 작가
태화강 국가정원 파노라마 설경사진
사) 한국사진작가협회 울산지회 회원
울산광역시 사진대전 추천작가
울산 태화강 포토박스 회장

이상일 작가
사) 한국사진작가협회 자문위원
대한민국 사진대전 초대작가 운영위원
대한민국 정수사진대전 초대작가 심사위원

차준현 작가
正心正道

이장숙 여성부장

김종윤 전 사무국장과 중구당협 직원

고광철 전 보좌관과 보좌진 일동

오랜 세월 많은 도움받았습니다.
절대 잊지 않겠습니다.

김일현 중구발전포럼대표와 회원

김종익 전국 원로장로협회 회장

김택수 포토제닉스튜디오 대표

김애령 시노래 가수

서혜숙 중구여성단체협의회 직전회장

명일식 탑유황온천 대표

안달용 수석부위원장과 부위원장 일동

김광재 대표회장과 당협회장

허말자 대표회장과 여성회장

김인걸 한중산악회 회장과 회원

박창현 단장과 중앙위원

이동우 교통위원회 회장과 회원

김성균 운영위원장과 운영위원

변경애 여성위원장과 회원

조석준 특보단장과 회원

김형은 홍보위원장과 회원

김정숙 생활공감정책위원회 회장과 회원

오용필 · 김태욱 · 고태호 · 이종걸
청년위원회 회장과 회원

이선민 · 문선주
차세대여성위원회 회장과 회원

윤월생 나눔위원회 회장과 회원

김주희 함월복지위원회 회장과 회원

김세진 종가집FC 회장과 회원

박지훈 미래세대위원회 회장과 회원

이시형 대학생위원회 회장과 회원

임두희 디지털위원회 회장과 회원

김종일 재난재해대책위원회 회장과 회원

권정늠 님 · 윤춘예 님

고맙습니다.
저자 정갑윤 올림

힘내라 대한민국! 힘내라 울산!

저, 정갑윤
울산을 위한 어떤 어려운 일도
시민을 위해 뚝심과 소신으로 일해왔습니다.

시민 한분, 한분에게 듣고
시민이 원하는 삶, 함께 만들겠습니다.

혼자 꾸는 꿈은 꿈이지만
시민과 함께 꾸는 꿈은 현실이 됩니다.

약속합니다!
이제 울산이 다시 뜁니다.

좋은이웃 **정갑윤** 올림